今天如何做智慧型教师

吴丹阳◎著

世界图书出版公司

图书在版编目（CIP）数据

今天如何做智慧型教师 / 吴丹阳著 .-- 北京：世
界图书出版公司，2022.8
ISBN 978-7-5192-9754-1

Ⅰ . ①今… Ⅱ . ①吴… Ⅲ . ①师资培养—研究 Ⅳ .
① G451.2

中国版本图书馆 CIP 数据核字（2022）第 154810 号

书　　　　名	今天如何做智慧型教师
（汉语拼音）	JINTIAN RUHE ZUO ZHIHUI XING JIAOSHI
著　　　者	吴丹阳
总　策　划	吴　迪
责 任 编 辑	王林萍
装 帧 设 计	包　莹
出 版 发 行	世界图书出版公司长春有限公司
地　　　址	吉林省长春市春城大街 789 号
邮　　　编	130062
电　　　话	0431-80787850　13894825720（发行）　0431-80787852（编辑）
网　　　址	http：//www.wpcdb.com.cn
邮　　　箱	DBSJ@163.com
经　　　销	各地新华书店
印　　　刷	吉林市京源彩印厂
开　　　本	787 mm×1092 mm　1/16
印　　　张	12
字　　　数	149 千字
印　　　数	1—2 000
版　　　次	2022 年 8 月第 1 版　2022 年 8 月第 1 次印刷
国 际 书 号	ISBN 978-7-5192-9754-1
定　　　价	45.00 元

序

每一位教师都渴望成为一名优秀的教师。优秀教师的标准不见得是备课备到深更半夜，也不是将教参书背得滚瓜烂熟。优秀教师成长的背后蕴含着一定的智慧，教育因智慧而美丽，教学因智慧而精彩。

一个充满智慧的教师一定是有思想的教师，思想堪称教育教学智慧的"活水源头"。所谓有思想，就是有自己的教育教学信念，有自己在教育教学道路上追求的目标。他的信念、思想一定是符合真理的，也就是符合教育教学规律的。不得不承认，任何一种教育教学行为都体现着一种理论或理念，智慧型教师一定会在教育教学的探索和实践中不断自觉学习，提炼自己的观点，形成自己的理论化思考，从而引来新鲜活水，并将其转化为自己的教育教学思想。

一个充满智慧的教师一定是能够打造魅力课堂的教师，魅力二字的背后体现着教师的"活研智教"。何谓魅力课堂？就是教学必须高效、教学必须有趣。高效、有趣这个答案很简单，但其内涵却极为丰富。智慧型教师要把握好哪些层面，才能使课堂高效与有趣呢？一是要把握好教学内容，把握好教学内容意味着教师对教学内容有非常深刻的理解，能够凸显教学内容中最有价值的成分。二是要把握好教学形式，把握好教学形式意味着教师能够以恰当的、吸引学生的方式进行教学，能够最大限度地将教学内容中的精华传递给学生，引导学生富有热情地学习。

一个充满智慧的教师一定是拥有发现能力的教师，发现让教师在教育教学的道路上日渐"活育笃行"。追求发现能够让我们关注教材、关注教法、关注一切与教学有关的事物与现象。追求发现，能够让我们变通思维、开阔思路、拓宽眼界、增加教学兴趣。追求发现能够让教学设计更有创意，让教学内容更有美感，让教学评价更有新意。追求发现，能够让我们全方位多角度观察学生，拉近与学生之间的距离，真正学会因材施教，与学生建立起良好的师生关系。

一个充满智慧的教师一定是善于积累、习惯自我反思的教师。积累与反思，使教师变得"活学慧思"。这里的"善于"和"习惯"两个词不容易做到，都需要下些功夫，而且这正是智慧型教师的必修课。所谓"善于"，指的是不仅注重积累，而且"会"积累，会用自己的眼光识别有价值的东西，并将之熟记在头脑中。所谓"习惯"，就是已经成为一种自觉，只要上课，之后都会"回想""总结"其中的优劣得失，坚持那些合理、有效的行为，修正那些不符合学生认知规律和教学规律的做法。

正是出于上述的认识，我着眼于如何做一名智慧型教师的视角，以"活水源头""活研智教""活育笃行""活学慧思"四个板块为基本框架，以一些智慧型教师的典型教育教学案例为主要内容，编撰成了这本书。希望这本书能为立志做一名智慧型教师的同仁起到一点参考作用，让我们一起教育教学的美好世界中上下求索！

目录

contents

活水源头篇

智慧型教师是我们追求的目标。用知识武装自己，坚持不懈，努力做一名智慧型教师。

话题一　充满智慧的教育理念

理论导航

　　智慧型教师应具有与时俱进的教育理念。教育智慧是教育科学与艺术高度融合的产物，是教师综合素质的体现。有智慧的教师教出有智慧的学生，教师的教育智慧在教育教学中起着重要的作用。

　　我们需要不断学习，以提高自身的综合素质，提高教育智慧。最有效的教育是渗透教育，潜移默化的无形教育。教育在无形中也是教育者追求的最具智慧的高境界。智慧型的教师首先要热爱自己的工作，因为只有热爱自己的工作，才会去热爱自己的学生，只有热爱自己的学生，才算是真正的有智慧。热爱学生，不是说，而是做，怎样做很关键。学生都是独立的个体，来自不同的家庭环境，不同的性格。一视同仁，只看成绩，不是智慧的做法。要针对不同的学生，有不同的对待。例如，同样的两个学生不做作业，对其中一名实行冷处理，他可能会主动找到你，承认错误，从而改正。而另一个用同样的方法会适得其反。所以智慧型

3

的教师应该站在学生的角度去解决问题，而不能千篇一律。

智慧型的教师要想对学生达到真正的热爱，就要使自己的知识渊博，就要多读书。读书与学习是相辅相成的，这是教师的基本能力。一本书中曾经说过，与别人的差距是在业余时间，别人在业余时间成长了，你不读书只能原地踏步甚至倒退。只有多读书，才能在书中得到启发，从而使自己变得更加聪明。作为教师，要真正做到终身学习。新课改以来，我们总是觉得自己的课时不够，其实你真正掌握住了教学的方法，我们的课时是绰绰有余的。所以我们只有不断地学习，不断地读书，不断地充电，才能真正用自己的方法解决所有的难题。

智慧型的教师要不断地做教学反思。教师的每一节课都是有不足和亮点的，做好反思有助于自己教学水平的提高。从而使自己在教学中游刃有余。有的时候一节课中学生的奇思妙想会使自己学到很多的知识，长期积累会给自己的教学带来很大的进步。

有什么样的教师就有什么样的教育，智慧的教育呼唤智慧的教师。智慧型教师不仅需要广博和专精的知识，更需要机敏、豁达的才情，要用智慧的心灵去点亮学生的智慧之灯。智慧型教师的素养建构更应该是多元的、广泛的。重点要做到如下几个方面：

第一，树立正确的教育观。

教育应该是对人的生命价值的发掘与呈现。赵丰平校长说："触动学生心灵的教育才是真正的教育。"真正的教育必须把握以下三个方面：一是激活人的生命状态，二是改善人的生命意义，三是提升人的生命品质。智慧型教师应该牢牢树立"以人为本"的教育理念，把每个学生都看成一个完整的人去培养。

第二，具有鲜明的教师观。

在今天新课程改革的背景下，智慧型教师对自己的角色定位应该是学生学习的助手。赵丰平校长经常说的一句话就是"教师即开发"，开发学生的潜力，开发学生的生命力，开发小组合作的活力。智慧型教师不应该只注重知识的传授，而应该重视学生的道德品质和价值观的培养。智慧型教师不能局限于书本和课堂，而应该让学生走向社会，参加实践，给学生更多的选择与机会。

第三，构建全新的学生观。

优秀的学生通常具备以下特点：主动思考、自由表达、敢于质疑、善于合作。所以智慧型教师应该创设条件让学生在"自主学习，合作学习，探究学习"中成长，充分尊重学生个性，给学生充分的自主发展空间。自主发展，不仅仅指学生主动的获取知识、发展能力，更重要的是学生在教师的引导下，主动地思考，自由地表达，科学地规划和塑造人生，承担责任和关心社会。

第四，创设开放的课堂观。

"立意是一堂课的灵魂，形式是一堂课的骨架"。张志勇厅长在《回到教育原点看高效课堂》中谈道："高效课堂必须走出知识本位的'窠臼'，树立全人教育的高效课堂观，坚持'知识与技能，过程与方法，情感态度价值观'的整体实施。评价高效课堂的标准：第一，引发学生兴趣的课堂是高效的课堂；第二，促使师生、生生多维互动的课堂是高效的课堂，师生能够积极互动才算是高效课堂；第三，促进学生积极思维的课堂是高效课堂；第四，关注全人教育的课堂是高效课堂。"

第五，形成科学的教材观。

记得教育家叶圣陶说过："教材无非是例子，但它是最好的例子。"在新课改的教学理念下，有人提出"教材是乐谱，不同演奏家都可以根据自己的理解，演奏出风格不同的华彩乐章"。对于如何使用教材，我认为用一句广告语形容就是"我的地盘我做主"。

智慧型教师在使用教材时，应该遵循课标，依据教学重点和学生实际去合理"剪裁"。还要根据知识间的内在联系，科学合理地对教材进行整合。

第六，强化终身学习观。

智慧型教师应不断地完善自我、充实自我，不仅要从书本上学，还要从实践中学，取人之长，补己之短，通过终身学习来追随智慧。让自己不仅有过硬的专业素养、理论水平、教学方法，更要与时俱进，接受新观点。《道德经》中说"企者不立，跨者不行"，所以我们要坚持不懈，踏踏实实地学习，使自己的知识"长流常新"。

智慧型教师应该用动态的、开放的眼光不断地去捕捉、整合、创造课程资源。通过不断的学习去重组自己的知识和经验，调整知识结构，扩展知识视野，不断吸纳新信息、掌握新技能。

📖 案例呈现

【案例一】 用爱心浇灌爱心，用智慧启迪智慧

"用爱心浇灌爱心，用智慧启迪智慧"的理念，其目的就是希望所

有学生，尤其是特殊学生，都能在老师的爱心浇灌下得到发展。为此，我们经常开展多样化的活动，为这些特殊学生创设展示的舞台，如自理能力大赛让特教班小陈、丽影、婷婷大展风采；趣味运动会让天佑、丞皓、小仔翰体验成功；学校组织"科技艺术节"活动，还有少先队员入队仪式、消防演习、升旗、间操等活动，都鼓励孩子们参加，"读书节""跳蚤书市"等活动不仅为特殊儿童的学习增加了乐趣，让孩子们的课堂变得丰富多彩，同时也使这些特殊的孩子们可以拥有一个快乐、七彩的童年，为特殊儿童和普通孩子之间，搭建了一座友好的、积极的、向上的彩虹桥，更为今后更多的家园互动创设了良好的氛围。我们希望通过此次活动的助推，向每一位特殊儿童的家长们提出每天和孩子一起阅读的倡议，让家长与孩子共同体验、分享亲子阅读带来的快乐。

特殊学生充分体验校园生活，感悟集体荣誉。他们从一开始的哭闹、惧怕、逃避，到现在能够和普通儿童坐在一起，不再胆怯，不再有怪动作，不出怪声音，注意力较为集中地投入比赛，听从安排，为今后能够更好地融入普通班级学习又近了一步。

普教学生主动与特教学生手拉手开展班会、课间游戏、扫除劳动，强化特殊儿童的康复和交流训练。通过愉快的融合活动，特教学生得到接纳、尊重与关爱，收获自信，感受快乐；普教学生懂礼貌，善尊重，会关爱，学会承担责任；普特孩子愉悦共进，和谐共生，让校园成为普特学生共同成长的温馨家园。

苏霍姆林斯基说："世界上没有才能的人是没有的。问题在于教育者要去发现每一位学生的禀赋、兴趣、爱好和特长，为他们的表现和发展提供充分的条件和正确引导。"我们在"融合"的大背景下，从学校的实际和办学特色出发，为这些特殊儿童成立了"手拉手社团"，有"水墨画社团""手偶社团""黏土社团""经典诵读社团""奥尔夫音乐社团"等，通过鼓励孩子发展特长，更全面地激发、挖掘孩子的内在潜能。在"国培计划"送教上门培训中，省教育学院组织学员来到我们学校实地参观学习，我校为学员们展示了社团阶段成果汇报。这些社团的开设有助于培养学生健康积极的兴趣、爱好，发挥自己的潜力，从而不断成长。也培养了学生的主体意识，锻炼学生的自我管理能力。同时让学生通过活动，找到归属感，体验成功，增强自信。学生通过参加各类社团活动，可以接受多方面的锻炼和培养，从而获得课堂内学不到的知识，锻炼出课堂内练就不了的技能。

【案例二】

用爱心去耕耘，奉献青春智慧

陈剑锋

二十年的班主任工作，在与孩子们的朝夕相处中，使我深深体会到教育的全部秘诀就是"爱"。我在开展工作时，尽力将工作做得精细，把关爱渗透到每一个细节。爱如空气，人人需要；爱如阳光，谁沐浴它，都会感到温暖。爱是一个博大如海的字，它包容着理解、帮助、宽容、激励……给学生一份爱，收获的是沉甸甸的惊喜、欣慰和快乐。

1. 时时处处表爱心。

对经济有困难的学生，我慷慨解囊，赠送书籍和文具；对心理有障碍的学生，我对症下药，进行心理疏导；对家中父母离异的学生，我更是思想上关心、学习上指导和生活上照顾，使他们感到老师是朋友、更是亲人。有的学生买饭时不小心把饭打翻，我就在教工食堂买饭给他。一天，我班学生沈欣下楼时不小心碰坏了头，我急忙把他送到医院，自己掏钱挂号，直到就诊结束，送他回家。沈欣父母回来后激动地紧紧握住了我的手。大家说："陈老师当班主任，学校放心、学生尊重、家长欢迎。"

2. 细心教育显爱心。

如同世界上没有两片完全相同的树叶一样，世界上也没有两个性格完全相同的学生。所以我在做学生的思想工作时，注意针对学生的不同年龄特征、不同性别、不同个性、不同心理特点，采取不同的教育方法区别对待，做到"一把钥匙开一把锁"，有的学生自尊心强、很爱面子，我就注意不在办公室里找他谈话，而是采取散步聊天或促膝谈心等方式；有的学生固执、任性，我采用讲道理的方式，晓之以理、动之以情；有的学生性格孤傲，与其他同学不合群，我就采用结对帮扶的方式来进行教育，经过班级团员、干部等优秀学生主动与他们的交流，帮助他们的学习，了解他们的思想，使其真正融入班集体。

3. 文道结合融爱心。

我还利用自己作为语文教师的优势，利用时机给学生讲一个个生动隽永的小故事，来代替生硬空洞的说教。在熏陶感染下，学生喜欢听故事，进而喜欢搜集故事。我就顺势引导，提出"一天一个好故事，一天进步一点点"的口号，发动全班同学，轮流着每天都讲一个打动人心的好故事。

班级书架上放着《名人故事》《名人名言》《小故事大道理》《语文中的德育》等书籍，每天一位学生介绍一篇精美散文，每天学习两句名言，这是我"文道结合"的重要途径。

4. 家校沟通传爱心。

报喜电话——每个家庭的精神大餐。这是一位孩子写给我的一段话："陈老师，今天是我妈妈的40岁生日，看到妈妈额头多出的那几条皱纹，我真觉得自己的成绩对不住妈妈，我不知道怎样让她快乐！可是此时，您的"报喜电话"来了，您把我作业上的进步，把小测分数的提高都告诉了妈妈。那一顿饭，我们全家吃得非常尽兴！我太幸福了……"一个孩子在心灵沟通本里写道："那电波里流动的是您对学生的爱呀！"

书信——让每位家长融进班集体。我每个学期要给每位家长发出至少4封信，及时把学校、班中工作安排通报给家长。同时，在致家长的信中还会经常出现进步同学的名字；有时，某些学科的学习方法也出现在信上，与家长学生共享。每一届学生都有许多家庭整整齐齐地把信装订好一直保存着，用一位学生父亲的话："这些都是给我们的无价之宝"！

5. 日记联系通爱心。

我班里还有一位学生，从不把学习当回事，上课走神，作业不认真，以为自己很聪明，不用刻苦努力学习也能取得好成绩，可每次测试下来成绩都很差，这样的成绩对这位同学打击很大，一度情绪低落，甚至自暴自弃。我没有因为该学生调皮不认真、学习成绩差就另眼相看，而是鼓励他发挥自己爱好篮球运动的特长，让他参加了学校的篮球社团，经历了几次比赛，成了篮球队的主力。我在该同学的复习日记中写到"宝剑锋从磨砺出，梅花香自苦寒来""在老师心目中你永远是最棒的"。该同学在复习日记中写到"……谢谢老师对我的评价和对我的信任，复习日记发下来那天，我的心情好极了，我的一生会有很多转变，我希望我会因此改变我自己，真正成为您心目中最棒的学生……"。

6. 静心学习铸爱心。

我觉得在学生面前自己就是一面镜子、一本书。教师的人格魅力会潜移默化地影响学生。在忙碌的工作中，我总是坚持每天读书，写读书心得，二十几年如一日，从未间断。我阅读《给教师的建议》《陶行知文集》《爱的教育》《教育的理想与信念》《魏书生教育文集》《德育智慧源何处》（张万祥）等，在这些教育思想的直射下，我的心毫无掩饰地袒露在学生面前，原来对工作的认真负责很多时候都是仅仅为了一次次的评价，审视自己的教育行为与思想，竟是如此渺小，面对这些伟大的心灵，我在痛苦中遮掩、觉醒，接受洗礼，蜕变自己，升华自己，使自己的行动更富有爱心。

拓展研讨

1. 作为新时代的教师，你的教育理念是什么？请用 1000 字左右进行简短阐述。

2. 教师该如何与学生进行有效的沟通？

3. 教师该如何智慧地引导学生学习？

话题二　爱的智慧与立德树人

爱是一种理解、一种信任、一种宽容、一种尊重、一种鞭策、一种激情，更是心灵的碰撞和交流，是触及灵魂、动人心魄的教育过程……

"没有一个职业，如教师一般，面对的永远是鲜活的生命；你所有的付出，都是一种心灵的碰撞与汇聚！

没有一个职业，如教师一般，耕耘的是荒芜的心灵，收获的是心灵的成长！是心灵之树的枝繁叶茂！

没有一个职业，如教师一般——人类灵魂的工程师，守望的是明天最灿烂的希望……"

理论导航

习近平总书记强调："教师做的是传播知识、传播思想、传播真理的工作，是塑造灵魂、塑造生命、塑造人的工作。教师不能只做传授书本知识的教书匠，而要成为塑造学生品格、品行、品味的'大先生'。"日常工作中我们也体会到，真正的教育不仅发生在课堂上，同时发生在师生交流的任何时刻。教师教给了学生哪些知识，多年以后学生可能会遗忘，但教师的一个动作，一句话语，甚至一个微笑，都会让他们终生难忘。一个人遇到好的老师是其一生的幸运，一个老师能给学生留下美好的回忆，则是其一生的荣耀。

怎样的老师才是好老师？习近平总书记提出了四条标准：要有理想信念要有道德情操、要有扎实学识、要有仁爱之心。

以身作则，为人师表是师德的人格力量。在教育中，一切师德要求都基于教师的人格，因为师德的魅力主要从人格特征中显示出来，教师是教人怎样做人的人，首先自己要知道怎样做人。教师以身作则，才能起到人格感召的作用，总之，为人师表是教师的美德。

终身学习，不断进取是师德的升华。如果不常常处于学习状态，我们的知识结构不是社会的要求，因为在当今社会下，科学和技术的发展速度如此之快，导制知识和技术更新的速度也越来越快。所以，时代要求教师必须转变学习观念，确立"边学边干，边干边学，终身学习"的观念，紧跟当代知识技术的发展步伐。

爱岗敬业、献身教育是师德的基本要求。教师不仅是在奉献、在燃烧，而且是同样在汲取、在更新、在升华。教师要付出艰辛的劳动，但是苦中有乐，乐在其中。教师最大的乐趣是照亮别人，充实自己。正是这种成就感、幸福感，激励着千千万万的教师不辞辛劳地为教育事业献身。

更新观念，努力创新是师德的新发展。要让学生从分数的奴隶变为学习的主人。要从以"教"为出发点变为以学生的"学"为出发点，教为学服务，教不是统治学生学、代替学生学。而是启发学生学、引导学生学。课堂要成为学生学习的用武之地，成为学生在教师指导下获取知识、训练能力、发展智力以及思想情操受到良好熏陶的场所。

培养师德，应加强修养。按照教师的思想品行，道德规范和职业操行的有关要求，规范、自律自己的言行、为人处事的方式。教师应自觉加强职业道德修养，做一个合格的教师。首先，要培养良好的职业精神。要热爱教师这个职业，把它作为向国家和社会奉献实现自己人生价值的平台。其次，要加强自律，这是培养良好师德的最好办法。同时，要有一颗进取的心，时代在进步，科技在发展，知识在更新，昨天可能是一位好教师，今天可能是一位普通教师，明天可能被教师队伍淘汰。好教师的标准应该是动态的，是不断提高的。教师要有一颗进取心，不断学习，放眼世界，弥补不足，提高素养。教师应走近学生，了解学生们的思想、情感、个性需要，切实地关心和爱护学生，使学生健康成长。

教师要有爱的智慧，才能用自己的高尚人格影响学生，用自己的敬业情怀感染学生，用自己的奉献精神鼓舞学生。

教育根植于爱。没有爱就没有教育。爱是促进一切生命积极成长的最大动力源泉。教育事业是良心与爱心的事业，是责任与使命的事业。教师这个职业的道德，是以爱为核心道德圈构筑起来的道德体系。教师这个职业更需要有仁爱之心、宽容之心、公正之举。

师爱是一门艺术，并不是一件容易的事。热爱学生，不仅仅要求教师有爱学生的感情，最重要的是让学生感受到这种爱，从而有利于教育活动的顺利进行。正如苏霍姆林斯基所说："明智地爱孩子，乃是我们教育素养、思想和情感的顶峰。作为教师，要具有爱学生的情怀和善于正确而科学地表达爱的能力。

教师的爱不仅独特，而且是魔力般的神奇。有人说"爱自己的孩子是人，爱别人的孩子是神"。也有人说"疼爱自己的孩子是本能，而热爱别人的孩子是神圣！"我们也常说，没有爱就没有教育。爱心是一个好老师的基本条件。对于学生来说，教师的爱是一种神奇而又伟大的力量，是除了母爱之外，世界上又一伟大的爱。这种爱是无私的。师爱不同于母爱，师爱是一种理智与心灵的交融，是沟通师生心灵的桥梁。师爱可以引导学生产生巨大的内动力，给学生以亲近感、信任感、期望感，学生会对老师产生依恋仰慕的心理，向教师敞开内心世界，所谓大爱之心往往表现为尊重和宽容。

教师对学生的爱，来源于教师对教育事业的无限忠诚，对本职工作的高度责任感。如果一个教师根本不热爱教育事业，当教师只是为了挣钱，甚至把学生当作捞钱的对象，或者认为当教师只是为了"暂栖身"，一旦有更好的门路就"改换门庭"。这样的教师很难对学生真正爱起来。反之，如果一个教师热爱本职工作，把全部身心都投入到教育事业中，他就会很自然地对学生倾注全部爱心。教师对学生的爱表现在各个方面。在思想上教师要经常不断地用健康的道德观念去熏陶学生的情操，用先进典型的事迹去引导学生的言行。在学习上教师要用自己的全部知识、才能和精力去教育引导学生，对学生既要严格要求，又要循循善诱，同时还要关心学生的各门功课全面发展，不能只顾自己所教学科，拼命挤占学生的时间，既影响学生其他学科的学习，又影响学生的身体健康。在日常生活上，教师同样要时刻关心爱护学生：天变凉了，提醒学生添衣服；病了，陪他去医院；甚至学生写字坐姿不端正，教师也要给他一个小小的提示……这些都能体现出教师对学生的爱。对学生来说渴望得到爱护、关心和尊重，渴求爱抚，是每一个青少年学生的心理需要。教师只有深入学生的内心世界，爱护学生，才能成为学生的知心朋友。教师一方面"传道、授业、解惑"，一方面如父母般地爱护学生，才能使学生全身心地投入学习，亲师、信道，使教育、教学活动达到应有效果。

教师对学生的爱应是没有偏见的爱，把爱撒向全班。教育活动中，教师要注意面向全体学生，不能偏爱，要尊重学生的人格，无论是高矮胖瘦美丑，还是学习上的先进和落后，教师都应机智而敏锐地发现和爱护学生的自尊心，适时加以引导，避免学生逆反、抗拒、排斥心理的产生。如果只爱那些聪明好学成绩优秀的同学，而对那些学习成绩较差、纪律松懈、品行不太好的所谓"差等生"，教师爱不起来，甚至歧视、厌恶，同学们就会说你"偏心眼"，你的威信就很难在全体学生中树立起来，你的教育过程就很难在那些你认为是较差的学生中实施，更谈不上良好的教学效果了。而那些往往因为学习较差，在家中经常受到家长训斥甚至打骂的学生，在校受到同学们的嘲讽或者欺侮的学生，都有强烈的自卑感。如果再得不到老师的关心爱护，他们更会自暴自弃，破罐破摔，甚至走上犯罪的道路。因此教师对这些学生更要以高度的责任感去帮助他们，教育他们，用炙热的心暖化他们心灵的冰霜，用真诚的爱心去激起他们心灵的浪花，用健康的情感去医治他们精神上的创伤，用满腔的热情去补救他们学习上的差距。

教师生活中最大的享受、最大的乐趣就在于觉得自己是学生所需要的，是学生所感到亲切的，在给学生带来欢乐的同时也给自己带来欣慰。更重要的是，在学生心田播撒快乐的种子，那么将来你收获的就一定是学生幸福的人生。请记住，如果一个孩子生活在鼓励之中，他就学会了自信；如果一个孩子生活在表扬之中，他就学会了感激；如果一个孩子生活在认可之中，他就学会了自爱；如果一个孩子生活在欢乐之中，他就学会了去创造幸福。显然，"爱生教好"，"爱生"是前提，如果在教育中，教师缺少爱生的正确动机和方法，是不可能取得良好的教育效果的。但要知道，教师对学生爱的正确动机，是一种出自崇高目的，充满科学、普遍、持久而又深厚的师爱，是来源于教师对教育事业的深刻理解和高度责任感。教师要力求做到爱得得体、严而有理、严而有度、严而有方、严而有理，这样，才能把正确的爱生动机和真正教好学生统一起来，才能有效地促进学生全面、主动、健康发展。这样努力去做的教师，才堪称师德高尚的教师。

只有对学生充满爱心，教师才能细心观察学生的一言一行，及时发现学生的缺点，具体了解学生的心理。进而，才能根据每一个学生的特点，采取适当的措施，加强对学生的教育。

如果对学生缺乏爱心，对学生的异常表现就常常会熟视无睹，视而不见。即使看到了，往往也懒得多管，或者随意应付，敷衍塞责，很不利于学生的改过自新。如果缺少了对学生的爱心，就更谈不到对他们的关心、爱护和奉献，难以帮助他们健康苗壮地成长。

教育家赞科夫曾经说过："当教师把一个学生看成是一个具有个人特点、具有自己志向、自己智能和性格的人的时候，才有助于教师去热爱儿童和尊重儿童。"作为智慧型教师，做到爱学生主要从以下几个方面：

一是尊重学生的人格。二是关注学生的健康。三是关心学生的情绪体验。四是主动和学生进行交往。五是公平地对待学生。六是对学生充满宽容和期待。七是给予学生赞扬和鼓励。八是切忌对学生进行否定性评价。

智慧型教师要善于自我修习，平等地对待每一个学生，尊重学生的个性，理解学生的情感，包容学生的缺点和不足。善于发现每一个学生的长处和闪光点，让学生都成长为有用之才。

案例呈现

【案例一】变职业的爱为发自内心的爱，春风化雨

我一直很喜欢这样一句教育格言：润物细无声。这个班的学生有很多是特殊家庭的孩子，这样的学生很敏感，自卑感重，自尊心强。有时候话说得重了，学生的眼神里往往透露出一种敌意。班里有一个小男孩，跟着爷爷奶奶生活，一开始我不清楚，因为他经常出问题：吃零食，带玩具，打同学……令人头疼，了解了他的家庭情况以后，我觉得这个孩子其实挺可怜的，他这样做的目的可能就是心里不平衡，有时候是嫉妒，有时候是想要引起大家的注意……我抓住一切机会亲近他，敞开心扉跟他交流，跟他说自己小时候的经历，告诉他老师小时候跟他差不多，关键是要自强自立。其次和其他的老师建立一种默契，经常夸奖他，让他自信。一段时间后，他的坏毛病渐渐改掉了，加上他本来就很聪明，期中考试三科都是优，家长会上，我对他的奶奶提出了一个要求：不要觉

得孩子不幸就溺爱他，要让他觉得自己和其他人没有什么两样。

没有张扬，没有特别的方式，只是默默地给予他爱，用自己的母爱师爱，渐渐融化孩子心中的坚冰，保护孩子的自尊心。虽然孩子小，但是他对于老师的爱还是非常敏感的，春风化雨，润物无声，相信我的爱心会换来孩子的健康成长。

【案例二】一次生动的活动胜过一千句空洞的说教

梅老师今年做了初一（1）班的班主任，开学二个月来学生的学习、纪律表现都很好，只是中饭与教室清洁有些不尽人意。梅老师多次在班级强调这两个问题，甚至威胁学生要进行惩罚，但是情况并没有好转。中午吃饭仍然有很多同学嫌食堂饭菜不好吃，倒饭严重，肚子饿了就偷吃零食。教室里虽然每天都有值日生做清洁，但是质量不高，桌椅排列也不整齐。梅老师心里很着急！周末梅老师和朋友去图书馆听有关《弟子规》的讲座，这个讲座令梅老师眼前一亮。讲座结束后，梅老师便邀约主讲人张老师来给班级做活动"与爱同行，学会感恩"。母亲节这天下午，张老师、学生家长都如约前来。活动的内容包括：张老师宣讲弟子规；亲子互动游戏；为母亲洗脚。活动过程中，学生、家长情绪高涨，多次留下感动或悔恨的泪水。这次活动后，吃饭、卫生问题明显好转，多次夺得学校的流动红旗。

【案例三】温馨教室，理顺师生关系

教语文的强老师刚一工作，就做了初一（3）的班主任。对于她这个新教师来说，能上好每一节语文课已很辛苦，还要管理这些正青春期发育的孩子更是不容易。而对强老师来说，每周一次的班会课总是让她很有压力，45分钟讲什么呢？哪有那么多话要讲？她很迷惑。

开学一个多月来她已开了四次班会，不是提醒大家要注意遵守纪律，就是要求大家努力学习，学生总是无精打采的，有的还偷偷地做作业。为此，她查阅了很多班级管理的资料，还去观摩其他班级的班会课。

在第五个班会上，强老师很诚恳地对同学说："我刚工作，第一次做班主任，没有班级管理的经验，甚至连班会都不会开。所以我要请同学们帮帮我，如何管理班级，如何开好班会。因此今天班会的主题就是以小组为单位讨论如何开班会。"听了强老师的话，同学们你看看我，我看看你，安静的教室突然响起了热烈的掌声。于是同学们你一言我一语讨论起了班会问题，每个小组长把本组的建议都记录下来交给强老师。

在接下来的班会课上，强老师有时亲自主持班会，有时让班长或某个班委主持；每次班会都根据学校的活动或班级的近况确定主题；而每次班会的时间则根据班会主题的不同而不同，有话则长，无话则短，不一定要开45分钟……强老师发现，同学们越来越喜欢班会课，甚至还很期待班会课，同时班级的总体表现也有明显的进步，本周还拿到了流动红旗。

拓展研讨

1. 教师如何做才能避免对学生造成不必要的伤害？

2. 教师该如何学会爱学生，与学生和谐沟通？

话题三 专业素养的智慧提升

教育智慧是关于教育的智慧，是教师追求教育真、教育善、教育美的理想教育境界，是教师机智或创造性地解决教育问题的一种能力。具体地讲，教育智慧是良好教育的一种内在品质，表现为教育的一种自由、和谐、开放的状态，表现为真正意义上尊重生命、关注个性、崇尚智慧、追逐教育理想、践行教育价值的崇高境界。

理论导航

作为教育的一种内在品质，教育智慧是应当渗透于包括师生教育活动及教育目的、教育价值、教育过程、教育管理在内的教育的一切方面的。由于教师是教育目的、意义、价值的直接体现者和实践者，是教育情感、教育意志、教育信仰的承载者，是教育活动的组织者和引导者，因此在具体的教育情景中，教育智慧主要是通过教师的教育教学行为来体现的。

从这一角度来看，教育智慧在教育教学实践中主要表现为教师对于教育教学工作的规律性把握、创造性驾驭和敏锐反应以及灵活机智应对的综合能力。从教育智慧角度看教师专业成长，教育智慧是教师专业成长的核心；教育智慧是在教师的具体教育实践活动中动态生成的；教育智慧是教师教育爱的表达；教育智慧在教师专业发展中形成并不断丰富。

教师专业素养提高的过程，是教师教育智慧不断丰富的过程。教育智慧应该是教师终生追求的一种专业境界，这是一种将教育上升为艺术的境界。在这种境界中，教师用艺术家般敏锐的眼光和创造力，用充满信任和热爱的心去观察教育对象，研究教育对象，然后运用自己审美的经验、智慧和创造力去进行教育的研究与实践。这样，教师就不再仅是知识的传播者，更是智慧的化身。

"教师是一种学习的专业，学习的专业需要专业的学习。"此话把教师学习与其职业的专业性和专业发展联系了起来，道出了学习之于教师专业发展的重要性，中小学教师专业标准把"终身学习"作为基本理念之一，是很有道理的。苏霍姆林斯基说，只有教师思考的大脑才能教会学生大脑的思考，同样只有喜欢学习的教师才能培养出喜欢学习的学生。教育专家的精辟论述，告诉我们：教师学习能力的提升与能否真正有效促进学生学习有着密不可分的关系。作为教师，我们要不断学习，提升自身的专业素养。

作为一种"专业的学习"，与其他职业的学习相比，教师学习有其明显特征。

根据成人教育家 Knowles 的经典教育理论，作为成人，教师学习的主要特点是：从事学习时具有强烈的自我指导的心理需求；具有实地学习过程中有待挖掘的丰富经验；具有解决生活中实际存在问题（这些问题常常与教师的发展工作相关）的需要；学习是以行为体现为中心的，即希望学习到的新知识和技能能够马上应用；学习动机首先是内在激发的。

国内众多学者通过对大量教师学习的研究，归纳出我国教师的专业学习有着以下一些明显的特点：一是以案例为支撑的情境学习、以问题为驱动的行动学习、以群体为基础的合作学习、以理论建构为追求的研究学习和在实践基础上的反思学习；二是教师学习是一种经验学习、基于问题的学习、自我导向的学习、同伴互助式学习、职场学习等组成的综合体；三是教师学习具有独特的专业目的性、高度的主体自觉性、持续的问题探究性、有效的多向合作性以及实践的终身性；四是教师学习是一种主体性、实践性、开放性学习。五是教师学习的目标是着眼于培养对教育有深刻认识、素质全面的教师，因而是教师专业发展的主要途径，学习的内容强调专家型理论知识与经验型技艺知识的交融，学习方式更多地立足于实践、灵活多样的校本学习。

作为一种"专业的学习"，教师学习在内容上也明显区别于其他职业的学习。

中小学教师专业标准对教师终身学习提出的明确要求是："学习先进的中学（小学）教育理论，了解国内外中学（小学）教育改革与发展的经验和做法；优化知识结构，提高文化素养；具有终身学习与持续发展的意识和能力，做终身学习的典范。"根据专业标准的这一规定，根据目前我国中小学教师队伍的状况和所要担负的职责，一些专家提出教师学习的内容主要有五大类：职业道德、知识、技能、研究方法和实践经验。具体而言，就是职业道德、所教学科知识、相关学科知识、增进自身素质的各类知识、教育理论、心理学理论、现代教育技术、教学技能、管理技能、沟通技能、科研方法、实践经验等。概言之，教师专业学习的内容应当是那些被证明能有效提高学生成就的知识与技能。

根据教师学习的主要目的、内容与特征，教师要通过学习提高自己的终身学习能力，特别要注意做到以下几个方面：

第一，要有明确的学习目标和发展方向，目标和方向一旦确定下来，就要不懈地坚持下去。

第二，要坚信学习无处不在，学习无时不在。尤其是现代信息技术的运用使得我们几乎在任何时候、任何地方都可以学习，每一位教师都应该增强自觉学习的意识，学会像在海绵中挤水那样善于主动获取学习的时间和空间。

第三，要有开放的眼光，不断拓宽自己的视野。要善于不耻下问，善于向多方面学习。

第四，要克服惰性，不断地以严格的标准要求自己，不满足现状，走出"舒适地带"，敢于迎接挑战，不断向更高的学习境界、学习目标挺进。

第五，善于选择最适合自己的学习方式。学习如同生活，每位学习者都应形成自己的学习风格。正如有学习者体会的那样："成人学习的大草原很宽广，也有多条小径可走"，老师们应明白：学习的方法和途径有很多，只有最适合自己的，才是最好的。

第六，为自己创设优越的学习环境。不要老是埋怨：自己所处的学习环境有多差，学习条件有多不好。学习环境不仅靠外界提供，更应该是学习者自己去创造。教师不仅是校园学习环境的"守望者"，更应该是校园学习环境的"创设者"。

第七，勇敢开辟新的学习领域。"学无止境"不仅指学习目标、学习内容，也包括学习领域；教师要善于打破自己的学科局限，不断扩展自己的学习领域，尤其要学习现代教育的前沿理论，学习跨学科知识，探寻对复杂学科知识的理解并努力把所学的知识迁移到新问题、新情境中去。

第八，"以群体为基础的合作学习"是教师学习的一大特点，教师们在学习中要学会与同伴交流和分享。教学工作是一项集体性事业，从这个角度说，教师更应在学会与人合作、分享、交流的同时享受教学生活的幸福，享受学有所得、学有所成的愉悦。

案例呈现

【案例一】《陋室铭》解读

文章的标题是"陋室铭"，作者劈面却从山、水、仙、龙起兴，这是"突起"。这一笔，用山、水、仙、龙的具体形象引出"有德则馨"的中心题旨，既是化虚为实，又显得极有气势。中间部分对于陋室的具体刻画，一共只有八句话，又可以分出三层意思，即是从室外景色、朋友交往和思想情趣三个方面刻画陋室主人的胸襟、气度，由表及里，一层深似一层。接着，又以"南阳诸葛庐""西蜀子云亭"作比，进一步烘托出主人的地位和抱负。这种多侧面、多层次展开的方式，就是"纡行"。最后，作者又用"藏头"的手法，引用孔子所说的"君子居之，何陋之有"的后半句作结，目的是让读者联想到那省去的前半句，进而更好地体会全文的文旨，这就是"峭收"。这种言简而意蕴的笔法，可以说是劲峭而有余味了。

读了这样的文章，不但对《陋室铭》一文的解读，上升到新的高度，而且让我们由一篇知一类，打开了解读这一类文学作品的视野，使我们对文学作品的品析鉴赏提升了一个台阶。

"读书是教育之母"，读书也是教师学习的主要方式。读透几本专著，阅读面可以广一些，要有效提升自己的专业素养，教师的读书，不要仅仅局限于本专业的书籍。教师既是一位博览群书的"杂家"，又是一位熟读本专业书籍的"专家"。有文化才有底蕴，有底蕴才有底气，有底气在课堂上才有灵气。

【案例二】

学习积累，坚持不懈

张必华

让多读书、勤思考、善积累、重反思成为一种习惯。

要治学有成，必须注重积累。著名数学家华罗庚曾说过"天才在于勤奋，聪明在于积累"。不积跬步，无以至千里；不积小流，无以成江流。只有广博猎取，才能提炼菁华；只有厚积薄发，才能产生精品。

我刚工作的 80 年代初，计算机及互联网还远不如现在这样发达，学校图书馆的教学参考书也不是很多。我几乎读完了图书馆里所有中学数学教学参考书，但我还是觉得不够，有空出去就去逛逛新华书店买几本心爱的书。另外我还自费订阅了绝大多数数学杂志，像《数学通报》《数学教学》《中学数学教学参考》《中学数学月刊》《数学通讯》等主要中学数学期刊，从工作至今我没有断订过，空余时间翻看书刊是我的一大爱好。对于各级各类培训，我也从不放过。我先后参加了苏州大学硕士研究生课程班、首届江苏省中学数学学科带头人高研班、江苏省校长培训班、教育部新课程通识培训班的学习。多年的学习、进修、实践和积累使我的教学功底厚实了许多，也深刻体会到"勤能补拙"的道理。

问题是数学的心脏。为了提高我的解题、编题能力，每当我看到一个具有新颖性、启发性、典型性的数学问题时，我就将其摘录下来，制成问题卡片，在卡片上注明题目的出处、文章的作者或来源，并在题后附缀问题的反思、回味、推广、所蕴含的数学思想方法等。为便于查核与引用，我还将问题卡片分门别类地保存。这些卡片现在已然成为"文物"了。

年轻时，师傅让我写教学日记。这后来成为我的一个良好习惯。一节课下来，感想总是有的，如哪些教学设计取得了预想的效果？哪些精彩的片段值得仔细咀嚼？哪些学生的回答闪耀着智慧的光芒？哪些启发性的语句需要斟酌？哪些教学内容的组织环节有待改进？等等。我将这些新鲜的感受三言两语地记录下来，如时间允许有时也结合教育教学理论做适当的阐述。

平时教学中我一直鼓励学生一个月写一篇"小论文"，可以是对一个概念或公式的理解，一个问题的解法的探索，一个错误的剖析，知识的归纳总结，等等。哪方面有体会就写哪方面，写得好的我帮其修改后推荐给报刊发表，当学生"小论文"发表后，作者本人及全班同学的那种激动是无法表达的，取得了极好的激励效果。

我在高一年级教学时，教完《立体几何》后我让学生课后去探究，能否将平面几何中的一些结论或命题推广到立体几何中来？当时勾股定理及正、余弦定理初中都已学习过了，一个姓袁的同学花了一周课余时间研究立体几何中的勾股定理及正、余弦定理，我看了他的研究成果，确实很震惊。后来我让他参加数学竞赛培训，在全国数学联赛中他获得了一等奖。

拓展研讨

1. 你认为教师该读哪些类别的书，请推荐，并写一篇荐书报告。

活研智教篇

教育上的水是什么？就是情，就是爱。教育没有了情爱，就成了无水的池，任你四方形也罢、圆形也罢，总逃不出一个空虚。

话题一　课堂教学方法智慧

▓▓▓理论导航

一、智慧地选择教学方法

教学方法是在教学过程中教师和学生为完成一定的教学任务，实现一定的教学目标而采用的途径、方式和手段的总称。恰当教学方法是课堂调控的基本保障。教师根据教学目标、内容、学生认知和能力发展水平，结合教师自身的特长和风格，灵活运用各教学方法，通过各种方法的优化组合，保证课堂教学的有效性。从课堂调控而论，教学方法具有双重意义：教学方法是课堂教学中教师能够主导的最主动、最活跃的因素，教学方法使用得是否得当，基本可以衡量课堂教学的效果的优劣，因此，教学方法是课堂调控的重点；教学方法同时又能担当课堂调控的使命，通过教学方法的变换，重设教学情境，使课堂教学始终掌握在积极调控之中。

1. 教学方法的选择很关键。

首先要避免生硬化，不要为调控而调控，选择教学方法要根据教学目标和内容的需要，与之配套。不同的教学目的和任务，要求运用不同的教学方法。教师在选用教学方法时，首先，要把握教学目的和任务，要选择和运用与教学目的和任务相适应的能够实现教学目的和任务的教学方法。例如：传授新知识时，要充分发挥讲授法、谈话法、讨论法的效用；培养技能技巧时；则要选用练习法、实验法等。其次，教学方法的选择还要把握好不同教学内容的不同的性质和特点，把握好每节课的重点和难点。例如：重在概念理论性总结的知识内容多采用讲授法，而重在过程探索性的知识内容则采用实验、演示与讲解相结合的方法。教学方法的调控重在诱导、引导、指导，让学生积极活动，主动参与，使学生在教师的指导下，通过自学、思考、讨论、训练、实践等多种学习活动，独立地获得知识，培养能力。

2. 还要避免两种倾向。

一是固守某种单一的教学方法。各种教学方法都是在一定的教学实践中产生的，都是为一定的教学目的和教学内容服务的，因而都有自己的特点和局限性。例如：讲授法能在短时间内传递信息，促进学生抽象思维的发展，但片面使用一种方法，就会妨碍学生直观记忆能力的发展，不能充分形成学生的技能技巧。每种方法都有长处和短处，因此，教师在运用教学方法时不能单一化，必须在正确的教学思想的指导下，从教材的需要出发，采用多种多样的教学方法，并根据自己的实际情况进行优化组合，以长克短，灵活地设计教学过程，充分发挥创造性，以取得优质、高效的课堂教学效果。

二是使用过多的方法。课堂教学的时间和内容都有限制，如果在一堂课中频繁地变换教学方法，势必造成课堂像变戏法一样，使人眼花缭乱，看似热闹，却忽视了学生的跟进。选择教学方法要讲究最佳效果原则。最佳效果，是指教师选用的教学方法必须在一节课内取得最好的效果，达到方法和效果的统一。有的教学方法虽好，但有的教师选用未必能取得最佳效果。这就要求教师要发挥自身优势，把握好自身对各种教学方法驾驭的能力，选用那些能取得最佳效果的教学方法组合。例如：善言者可选用讲授法为主进行教学，善书善绘者可利用板书纲要、图表来激发学生兴趣。

二、教师要智慧地研究学生

要使学生在有限的学习时间内获得最大的收益，教师就必须不断地优化组织学生学习的形式，使之最大限度地适应学生学习的需要。而要做到这一点，就必须充分地了解和研究学生，因为适合的教育就是最好的教育。

了解学生的技能是指教师熟练运用了解学生的方法，迅速、准确、有效地把握班级集体的整体情况、班级中学生个人的有关情况的活动方式。此事易说不易做，需要教师具有高度的职业道德、无私的奉献精神，能够将自己一切教育教学行为和活动置于尊重和了解的前提下进行，以平常的心态去做艰苦细致的工作。

1. 教育必须建立在了解学生的基础之上。

俄国教育家乌申斯基说："如果教师想从各方面教育人，那么他应从各方面首先了解人。"此话道出了教育的真谛。教育工作的根本目标是教书育人，不同的学生具有不同的个性特点，教师只有了解各具个性的学生各方面的特点，才能因材施教，达到最优化的教育效果。因此，教师对自己学生的思想、学习等情况，要有正确的估价和认识，看到学生是成长中的人，他们的思想、品德和能力正处于逐步形成和不断发展的状态中，才能对学生抛开成见，对症下药；对所谓的差生，要看到其本质、主流是好的，才能不轻率地给一个学生下结论，轻易地否定一个学生，将其划入落后群体中去；对所谓的优等生同样要用一分为二的观点去认识学生，看到他们存在的缺陷和不足，才能不断引导他们向更高的学习目标攀升。

2. 了解学生是尊重学生的前提。

新课程强调教师要尊重学生，而了解学生是尊重学生的前提。比如，对所谓的后进生，只有全面了解了他们，才能不戴有色眼镜来看待他们，只有全面了解他们，才能客观分析他们身上所存在问题的症结，才能有针对性地做好他们的转化工作，并从而得到他们出自内心的尊重，而不是一味地批评、否定他们，惩罚他们，而使他们惧怕自己。对优秀生，也只有全面了解了他们，才能客观正确地肯定他们的学习长处，指出他们学习的不足和努力方向，才能使他们由衷地钦佩自己，获得他们的尊重。

3. 了解学生是实施有效教学策略的基础。

所谓策略，是指教师为实现教学目的或教学意图而采用的、解决一系列具体问题的行为方式。不管是有效的教学设计策略、教学实施策略还是教学评价策略，都离不开对学生的了解和研究。

就拿教学设计来说，了解学情是教学设计的最重要的一个要素。因为教学是"教"与"学"的双边活动，教师教什么、怎么教是由学生需要学什么、怎么学决定的，而学生需要学什么、怎么学，又是由作为学习者的学生的知识储备、学习技能、思维能力、精神状态以及情感态度等所决定的，因此，充分地了解、分析学情，是有效教学的前提和基础。正如陶行知先生早就说过的："教什么和怎么教，绝不是凌空可以规定的，它们都包含'人'的问题，人不同，则教的东西、教的方法、教的分量、教的次序都跟着不同了。"

教学实施也是如此。只有充分了解自己学生的认知起点、学习特点，才能组织起有效的教学活动，才能有效地处理好课堂教学中预设与生成、教与学、"放"与"收"等关系，确保有效教学的顺利推进。

有效教学评价更是建立在对学生的学习状况，包括过去与现在的学习以及未来的学习潜力和可能的基础之上的，这样的教学评价，才是有的放矢的有效评价。

教师专业标准提出，要全面了解学生。所谓全面，首先，是指了解、研究的对象应是全体学生。不但要了解、研究优秀学生，也要了解、研究所谓的后进生，要了解各种类型、各种特点的学生。其次，是指对个体学生的了解要全面，不仅要了解他们的知识与能力，学习的方法和过程，还要了解他们的情感态度价值观；不仅要了解他们平时的学习表现，还要了解他们的学习心理；不仅要了解他们各自不同的个性特点，还要了解他们个性形成的社会、家庭背景。再次，不管是对学生群体还是个体的了解和研究，要具有连贯性，不仅要了解、研究学生过去的表现，更要了解、研究学生最近的表现。不仅要了解、研究学生在校的表现，还要了解、研究学生在家庭和社会上的表现。

全面了解和研究学生，对教师的专业理念与师德、专业知识以及专业能力的各个方面都提出了更高的要求，教师一定要在平时的教学实践中，加强学习与实践，自觉地以更高的标准要求自己，才能担负起进一步推进有效教学向纵深发展的重任。

三、智慧型教师要提升课堂教学组织和管理能力

课堂教学组织和管理，是教师在课堂教学过程中根据教学目标或教学任务的需要，运用教育学、心理学、管理学以及学科教学的相关理念、知识与技能，遵循一定的原则，采取一定的策略和举措，建立起良好的课堂教学环境和秩序，确保学生的学习有效达到预定的目标的一种行为方式。

有效的课堂教学组织和管理，使课堂教学得到有效的动态调控，一个组织得法、井然有序的课堂，学生的注意力集中，思维活跃，必然会使课堂教学取得良好的效果。有效的课堂组织与管理，不仅能确保课堂教学有效有序推进，还能帮助学生建立良好的行为标准，养成遵守纪律和规章制度的习惯。

有效的课堂管理主要具备两个功能，一是维持功能，二是促进功能。课堂管理的维持功能是指在课堂教学中持久地维持良好的内部环境，使学生的心理活动始终保持在学习上，以保证教学任务的顺利完成。课堂管理的促进功能是指教师在课堂里创设对教学起促进作用的组织和良好的学习环境，满足课堂内个人和集体的合理需要，激励学生潜能的释放以促进学生的学习。不管哪种功能的课堂组织管理，都需要教师对教学进行状态具有灵敏而强烈的感觉、感受和感知能力，并根据课堂上出现

的新情况做出迅速、准确的反应，从而使学生的智力因素和非智力因素在一种和谐、民主的气氛中得到同步发展。

一般认为，课堂管理包括课堂人际关系管理、课堂环境管理、课堂纪律管理、课堂教学过程管理等。课堂人际关系的管理指的是对课堂中的师生关系、同伴关系的管理，包括建立良好的师生关系、确立群体规范、营造和谐的同伴关系等；课堂环境管理是指对课堂中的教学环境的管理，包括物理环境的安排、社会心理环境的营造等；课堂纪律管理指的是课堂行为规范、准则的制订与实施，应对学生的问题行为等活动；课堂教学过程管理，是指教师对教学现场中教学活动本身的速度、节奏、段落衔接及学生注意力等的不断调控，为教学设计方案的顺利实施创造条件，为预定教学目标的达成提供有力保障。课堂教学过程管理，主要指课堂调控，我们将在下一个模块中专设话题具体讨论。

一些专家把课堂教学的组织管理分为"管理性组织""诱导性组织"两大类。

管理性组织主要是对课堂纪律进行管理，其作用是确保教学能在一种有序的环境中进行。这一类组织管理，包括课堂纪律的管理、个别具有问题行为的学生的管理，还包括非正式群体的管理。所谓非正式群体，是指有些学生因为兴趣爱好相似、意气相投而组成一个个小团体。有时候，非正式群体的行为会与学校、班级的要求不一致，个别非正式群体中甚至还会出现几个难以管理的"刺儿头"，使得这些群体的行为严重影响全班学生的学习活动，因此，对非群体的管理，历来是教学组织和管理中的一个难题。诱导性组织主要是指在教学过程中，教师通过自己的语言、行为，引导学生主动参与课堂学习，在学习过程中积极思维，以顺利完成学习任务。

传统教学也很重视课堂组织与管理。但是传统的课堂组织管理，是以维护封闭式课堂纪律、维护师道尊严为主要目的的，把学生看作一个个被管理的对象，一般用硬性规定的课堂纪律禁锢和束缚学生，对学生的问题行为，往往采用批评甚至惩罚的手段，其结果不但使课堂教学因缺乏活力而低效，甚至无效，而且严重限制了学生的个性发展。课改背景下的课堂组织和管理，与传统教学相比，有了质的变化。

首先，课改背景下的课堂教学管理的根本目的，不是为了限制、控制学生的行为，而是为了促进学生的发展。因此，课堂教学组织与管理，一定要时时考虑学生的发展需要，一定要考虑如何通过有效的方法促使学生课堂学习的主动性、积极性。

其次，要了解学生、尊重学生。教师了解了自己学生的兴趣、爱好和个性特点，才能有针对性地提出不同的要求，采取不同的策略加以教育和管理；课改背景下的课堂组织和管理，是建立在新型的师生关系基础上的，组织和管理中，要尊重学生，尤其是要尊重他们的人格，坚持正面教育，以表扬激励为主，尽量少用惩罚手段。

再次，课改背景下的课堂组织和管理，更加注重学生的自我管理，要尽可能多地给学生提供参与课堂管理的机会，尽可能多地提供评判个别学生的问题行为的机会。如此，就能在班级中形成一种尊师守纪的风气。

最后，课改背景下的课堂组织和管理，更加注重增强本学科的学科魅力，增强教师的人格魅力，提高学生对本学科的学习兴趣，提高教师在学生心目中的威信，以此诱导学生积极地投入课堂学习。

四、恰到好处的课堂提问凸显教学智慧

智慧的课堂教学提问应是从教学实际出发，根据教学的知识内容与思想内容，把握教材的重点、难点来精心设问、发问；另外，也应从学生实际出发，根据学生的知识水平与心理特点，找出能引发他们思维的兴趣点来问，使提问真正问到学生们的"心坎"上。

1. 置问于学生的疑惑处。

从心理学上来看，青少年学生正处于渴望了解外部世界的时候，他们面对无奇不有的大千世界会产生许许多多的疑惑，产生了疑惑也就渴望解决疑惑。他们产生疑惑、解决疑惑的过程也就是积累知识、增加知识的过程。

学生在学习的过程中产生疑惑的地方有很多。学生学习过程中的疑惑主要来自以下两个方面：

一是真实形象和文学艺术形象的差异所造成的疑惑。这一类疑惑在文学类文本阅读中最容易产生。如在阅读卡夫卡《变形记》时，学生如果不能认识小说中人的异化现象，也就没有办法理解小说的主题。事实上学生在阅读这篇小说时也确实产生了这种疑问，我们就可以顺着学生的思路提出思考的问题"人怎么会变成一只甲壳虫呢？"这时候我们就要引导学生去认识现实生活中的真实人物形象与小说中的艺术形象的重大差别。作者卡夫卡描写的格里高尔在生活重担的压迫下从"人"变成一只大甲壳虫，从表面上看，我们很难理解作者的这种荒诞无稽的写法。作者卡夫卡正是通过"变形"的手法来揭示在资本主义社会生存竞争的高压下，人被异化为非人，人的本性失落，甚至走向反面，人接受不了现实世界，现实世界容纳不了人的社会现象。格里高尔变成甲虫，这是一种象征，象征人的异化，人性异化，人际关系异化。在金钱和私利面前，小说表现了两种异化：格里高尔的异化，人变成甲虫，本性也变了，从挣钱还清父债、争取独立自由变为安于甲虫生活的自轻自贱；以妹妹为代表的亲人异化，亲情变成"仇"情，善良变成冷酷。小说正是通过表现人的异化来反映资本主义制度摧残人性的社会本质。

二是学生由于人生阅历不丰富以及阅读视野不开阔，容易以自己的眼光来衡量前人的行事方式以及思想情感，这样也容易产生难以理解的疑惑。比如在阅读陶渊明的诗歌时，学生对陶渊明挂印辞官回归田园很不理解，特别是那些积极向上很想一展人生抱负的学生很难认同陶渊明的人生态度。这时候，我们可以适当地引导学生思考这个问题：陶渊明为什么在已经做了县令的情况下宁愿回归田园过自己清贫的生活呢？老师恰当地引导学生对这个问题的探讨、议论，对于理解陶渊明诗歌的主题思想以及恰当地评价历史人物是很有好处的，还能教育学生学会从历史人物所处的社会环境及其主导思想出发去正确评价历史人物。

当然，学生的疑惑不仅仅存在于这两个方面，我们在课堂教学过程中要善于抓住学生的疑惑之处设置问题，这样才能加深学生对文本的理解。

有位教师教艾青的诗《大堰河——我的保姆》中下面几句：

大堰河曾做了一个不能对人说的梦：

在梦里，她吃着她的乳儿的婚酒，

坐在辉煌的结彩的堂上，

而她的娇美的媳妇亲切地叫她"婆婆"，

…………

大堰河，深爱她的乳儿！

在教学这一段诗时，这位教师首先提问：

师：同学们，大堰河这样一个美好的梦，为什么不能对人说？

生：（思考后）因为当时有阶级压迫，如果大堰河把对地主儿子的梦想讲出来，大堰河将会受到迫害。

师：他说得很对。还有别的看法吗？

生：（同学们阅读思考，沉默）

师：同学们，能否想得更宽广一些。比如说，从生活体验来说，大堰河是一个保姆，身份卑微，低贱，她把这个梦说出去会有什么效果？

生：大堰河只是个保姆，是个奴仆，她如果把梦说出去了，别人会笑话她，讥讽她，说她痴心妄想。这不能说，正说明了大堰河的辛酸。

生：世情的冷漠。

师：我们学过《祝福》，大堰河生活的时代同祥林嫂差不多，她们的生活环境也相似，能不能联系她们的命运来谈谈呢？

生：大堰河同祥林嫂的命运是相似的，她们相信神灵，祥林嫂临死前还对人死后的魂灵表示怀疑。由此看来，大堰河也相信神灵。她的美好的梦，只能靠神来呵护，怎么能说出来呢？天机不可泄露。

师：再往深处想，既然大堰河没有对人说过她的梦，"乳儿"又是怎么知道的呢？而且大堰河是"在她的梦没有做醒的时候已死了"。

生：这说明他们心灵之间是沟通的。

师：说得好！这正是"乳儿"和她的保姆之间的心灵沟通，"乳儿"理解她，知道她有那样一种企盼，那样一种美好的憧憬。这个梦没有变为现实，大堰河就在深深的失望中撒手人寰，她的悲剧的深刻性也就在这里。但是，她的心灵却永远浸渍着"乳儿"的灵魂，没齿难忘。

这一教例的教师首先从诗句本身出发，紧紧抓住学生的疑问点设疑，然后根据学生的回答，有意作诱导提问，再进一步引导学生将诗与已学过的知识联系起来进行思考，最后回到课文上，在关键点上设疑提问。这一连串提问，步步深入，处处透着高超的提问技艺。

2. 置问于新旧联系处。

苏霍姆林斯基说过："有经验的教师一般都是从学生已知的东西讲起，善于从已知的东西中在学生面前揭示出能够引起他们疑问的那个方面，而疑问的鲜明的情感色彩则会产生一种惊奇感，引起学生探索奥秘的愿望。引导学生从平常的、习惯的、随时随地可见的东西中看出不平常的东西来。"学生在获取知识和建构自己的知识体系的过程中，"疑问"占了很重要的位置。只有学生在新旧知识的联系点上产生了疑问，才能激起他探究的欲望，才会动用起过去的知识去寻求解决的途径。这种利用已有知识来解决问题的办法，就是获取知识的过程。如何使学生产生疑问，又如何使学生在思考中获取知识呢？这需要很高的教育技巧，也需要老师不仅要深入了解学生，更需要深入地思考与钻研。最重要的是要找到每一位学生知识"增长点"，让他们在老师的点拨下，在自己知识的阶梯上，又迈上新的台阶。

下面请看《圆的面积》课堂教学实录：

师：现在请大家回忆一下，我们以前学过哪些基本图形的面积计算。

生：我们已经学过长方形、正方形、平行四边形、三角形、梯形的面积计算。

师：这些图形和今天学习的圆形有什么显著的区别？

生：这些图形是由线段围成的，圆形是由曲线围成的。

师：圆是由曲线围成的，计算圆的面积就比较困难了。究竟用什么方法，请大家阅读课本，在课本中寻找答案。（学生阅读课本）

生：我们可以用图形转化的方法，求圆的面积。

师：这个办法很好。那么把圆形转化成什么图形呢？

生：长方形。

师：以前我们学习的哪些图形也是转化成长方形，来推导出面积计算公式？（用投影仪放出几种图形的转化图解，边出示，边讨论）

…………

师：同学们观察一下，拼成的是什么图形？

生：近似于长方形。

师：说得很好，为什么说近似长方形，哪里不太像？

生：长边都是许多弧形组成，不是直线。

师：这里我们把圆分成 16 等分，还能分吗？

生：可以分成 32 等分、64 等分、128 等分……

师：究竟能分多少份呢？

生：无数份，可以永远分下去。

师：对。这就是说，分的份数是无限的。你们可以闭上眼睛想一想，如果分的份数越多，长边就越接近直线，这个图形就越接近于长方形。

师：把圆转化成长方形后，这个长方形的面积怎样计算？（教师要求学生观察自己在课桌上拼出的图形，一边讨论，一边逐步写出推导的过程。）

师：现在可以回答前面提出的问题，圆面积是以半径为边长的正方形面积多少倍呢？

生：π 倍。

生：约等于 3.14 倍。

师：刚才我们的猜想是正确的 ......

这一节数学课，老师启发学生运用以前学过的知识来解决新问题。这种设计既复习了旧知识，又为学生学习新知识做了很好的铺垫，能够促进学生充分运用迁移规律把新旧知识联系起来组成一个新的知识结构。在学习的过程中要求每个学生动手操作，并渗透新旧数学知识联系起来的思想，让学生自己从尝试中推导圆面积的公式，这是一节比较成功的课。

3. 置问于事件的比较处。

由于青少年学生对事物的认知不深刻，事件之间的比较突出各自不同的特征，这会让他们产生疑惑：怎么会这样呢？其中的原因在哪里呢？

王开东老师在《没有无缘无故的恨——探究焦母为何驱遣刘兰芝》一课中，学生认为焦母抛弃兰芝，实质是对仲卿深深的失望，然后又把这种失望迁怒于刘兰芝。老师顺势提问：对仲卿的失望，从何而来？学生认为：焦母应该是早年死了丈夫，一个人拉扯一双小儿女，肯定尝尽很多辛酸苦楚。可以说，儿子就是她的精神支柱。当焦母完成了自己使命的时候，兴复焦家的担子开始历史性地落在仲卿的肩上。老师继续追问：然而仲卿呢？学生认为仲卿自结婚以后，沉醉于花前月下，在温柔乡里失去了进取之心。尤其当仲卿说出"儿已薄禄相，幸复得此妇"的时候，焦母捶床大怒。从母亲的立场出发，焦母只会将儿子的多情归罪于媳妇的媚惑。

老师紧接着请同学们找出旁证，学生很自然地想到了南宋著名诗人陆游和其表妹唐婉的爱情悲剧故事。两件情节相仿的爱情悲剧故事放在一起比较，就引出问题来了：陆游也被棒打鸳鸯，但是他为什么没有像焦仲卿那样"自挂东南枝"呢？此时就可以引导学生探究陆游和焦仲卿命运结局不同的原因，很自然地就能得出两人精神境界和胸襟抱负显然不能同日而语的结论。

4. 置问于教学的关键处。

从教育学上来看，教学的关键处即教学过程中师生之间容易产生思想碰撞的地方，也是有可能达到教学高潮的地方，更是可能引导学生进行深入思考的地方。

郭初阳老师在教读《愚公移山》一课时，在教学的关键处提出了一个很有震撼力的问题：两位外教强调愚公很"愚"——"foolish"，还说了"crazy！"那么我们是不是可以顺着他们的思路追问：聪明的中国人为什么会对这样一个疯狂的、一个愚老人这样津津乐道呢？到底有哪些理由？学生在思考之后回答：首先，这是因为移山这种事情是非常非常少见的，中国历史上也只听说过这么一个事例；其次，移山虽然的确是非常傻，但是它具有一定可取的地方，那就是坚持不懈，靠自己的力量积极去完成。愚公他虽然老了，但是他还是能够这样努力地去移山，这是他可取的地方。鲁迅也曾经写过：所以中国一向就少有失败的英雄，少有韧性的反抗，少有敢单身鏖战的武人，少有敢抚哭叛徒的吊客；见胜兆则纷纷聚集，见败兆则纷纷逃亡。大多数人会认为，这两座山在我们面前，不会有反应，不会去怎么样，在那里就在那里吧。而愚公却有自己的勇气，胆敢去挑战这座山，所以我觉得这点十分可取。这就是知其不可而为之。愚公的精神，就是坚持不懈的努力，就是为了创造更美好的生活；然后他以他的真诚感动了上天，追求真诚也是做人的原则，他以他的原则去实现自己的梦想，追求自己的理想。这其实契合了中国人的一个观念：好人会有好报。

我认为，郭初阳老师在让学生把握了课文的总体内容以及对愚公做了评价（引用外教的观点）之后，提出"中国人为什么会对这样一个疯狂的、一个愚老人这样津津乐道呢"这样一个值得学生深入思考的问题是很及时的，是在一个关键的地方提出的一个关键的问题。学生的论述系统性很强，让学生充分了解和展示了我们民族精神中"坚持不懈"的强健精神，深化了课堂的思想内涵。

5. 置问于思维的转折处。

当学生的思维还没有启动的时候，教师的提问会使他们产生悬疑，从而去主动寻求答案；当学生的思维积极向前推进去攻克难点时，教师的提问会帮助他们开辟新的通道，产生顿悟和突破；当学生对思考过的问题进行整理的时候，教师的提问又会使学生的思维有条理地收拢，得出圆满的结论；当学生的思维处在进退维谷的境地中时，教师的提问会让学生产生醍醐灌顶之感。

如李镇西老师在讲述《祝福》时是这样引导学生的思维转向小说的主旨：

李镇西："我上节课结束前几分钟说过，对你们起诉的每一个人，包括鲁四老爷还有柳妈等人，我都可以做无罪辩护。为什么？我说过，因为他们没有一个人有主观杀害或逼死祥林嫂的意愿。是的，正是他们的某些语言，比如'你放下吧，祥林嫂！'还有柳妈叫祥林嫂去捐门槛等，把祥林嫂一步步逼向了死亡，但他们说这些话并没有想到要去杀祥林嫂，有的人甚至是好心。那么，他们为什么在客观上又促成了祥林嫂的死呢？这便是当时每一个人头脑的某些观念，正是这观念促使他们这样说这样做，正是这观念形成了一种社会压力逼迫着祥林嫂。我要问同学们，这个'观念'是什么？"

戚西川："这个观念就是中国古代奴仆、男尊女卑和三从四德的观念。"

李镇西："对了。三从四德，这便是当时存在于人们头脑中的普遍观念。大家都接受了，如果谁违反了，显然是大逆不道。我们常说的封建礼教，指的是封建礼节和封建道德。而这个礼教具体指的是什么？"

同学（一起）："三纲五常。"

李镇西："有哪位同学知道三纲是什么吗？"

杨晓梅："君为臣纲，父为子纲，夫为妇纲。"

李镇西（表扬）："说得很好！'纲'在这里就是准则、就是至高无上的权威。三纲五常，是封建社会所提倡的人与人之间的道德行为标准或者说规范。这不只是针对妇女。对妇女，还有特定的道德要求，刚才戚西川已经说了，就是'三从四德'。有没有同学知道什么叫'三从四德'？"

苏畅："我想起来了，'三从'就是幼年从父，中年从夫，老年从子。"

李镇西："说得很正确！还有一种表述，未嫁从父，既嫁从夫，夫死从子。关于四德有争议。总之是对妇女的日常行为的要求和规范，这是不能违反的，这一切都是束缚妇女的。你看，祥林嫂仅仅因为再嫁，大家就看不起她，因为她没有遵守'三从'，不但别人看不起她，她自己也看不起自己，觉得自己不是一个道德的人，别人'杀'了她，她自己也'杀'了自己。没有具体的杀人者，每个人都在杀人，是'观念'在杀人，什么观念？三从四德，封建礼教！"

李镇西（总结）："今天我们学习《祝福》，更进一步了解了鲁迅。有人说鲁迅不光是中国的作家，也是世界的作家。他写了《阿Q正传》以后，有人说阿Q反映了中国农民的劣根性，有人说不对，反映了中国人的劣根性，也有人说不对，反映了人类的弱点。因此，鲁迅可以被称作世界的作家，他超越了空间，同样，鲁迅的作品也跨越了时间。这篇小说今天还有意义，因为今天的中国还有形形色色的礼教，而且这礼教还在杀人。什么时候这篇文章没有意义了，中国就真正进步了。"

课例中，李老师通过层层设问，让学生的思维顺利地越过障碍完成转折，最后得出"礼教杀人"这个结论。

6. 置问于规律的探索处。

毫无疑问，数学、物理、化学等理科课程较多地关注规律的探索，语文课也有自身规律的探索。王荣生教授在《语文科课程论基础》中提出语文教材课文的四种功能，即"定篇""样本""例文"和"用件"。"定篇"是指中小学生必须学习的中外经典名篇。"样本"即如叶圣陶先生所说的"例子"，凭这个例子，学生可以举一反三，练成阅读和作文的熟练技能，学习其阅读过程中形成的读写"方法"。"例文"大致相当于理科教学中的直观教具，它给知识的学习添补进经验性的感知。但是，感知教具并不是教与学的目的，目的是要通过教具，使学生更好地理解和掌握知识。"用件"是提供信息和背景资料的文章。

王荣生教授对语文教材中课文的归类，启示我们在处理教材的时候应该特别注意课文的类型。不同类型的课文有不同的教学内容，因此就需要采取不同的教学策略。如果把课文处理为"例文"的话，那就应该是引导学生关注知识、技能、策略等规律性问题的探索。

潘凤湘老师的《〈梦溪笔谈〉二则》就是自觉地把课文当作"例文"来处理的，把他研制的"教读法"毫无保留地传授给学生，非常有效地发挥了"例文"的教学功能。

师：我们这两节课阅读《〈梦溪笔谈〉二则》，目的不是单纯阅读这二则课文，而是想帮助你们掌握一种读书的方法，就是概括课文大意的方法。学语文是一项系统工程，包括类推、分析、综合、概括、归纳、演绎、联想、论证、辩证十个练程。概括训练是其中第四个练程，归纳训练是其中第五个练程。这节课先介绍概括课文大意的方法。请同学们

看课文。（学生看课文）

师：《采草药》这则课文只一段，分两大层。第一大层不分小层。第二大层分两小层。印发的课文上有分层符号，双竖线是大层符号，单竖线是小层符号。下面请一位同学说第一层的课文大意。（学生都在考虑第一层的课文大意）

生：第一层是说古法规定二月、八月采草药不妥当。

生：我认为第一层是说作者对古法二月、八月采草药的否定意见。

生：第一层是说作者提出本文要说明的问题。

师：好！第一层课文大意有三种说法。请同学们想一想，这三种说法哪种较好？

生：我认为第二种说法较好。

师：为什么？

生：说明文要抓住事物的关键，本文的关键就是对古法采草药的时间提出否定的意见。

师：你说得很对，说到了关键。同学们，第一种和第三种说法为什么不对呢？他们也接触到了本文的关键。（学生半晌无语，教室里很静）

师：第一种说法是把第一大层课文内容复述一下，不是课文大意，而是课文的具体内容。第三种说法抛开了课文的具体内容，说出了课文大意，但是作者提了哪方面的问题不明确。第二种说法比较明确，是对古法二月、八月采草药的否定意见。同学们还有什么意见？

生：我有个问题。我们老师说过，到课文内找个主句，可以当大意。我就是这样做的，为什么不对？

师：科技说明文各章节的主句，都是概括了各章节的大意。而科学小品则不然，"古法采草药多用二月、八月，此殊未当。"我们一看就知道这是一种否定意见。"此殊未当"是具体内容，"否定意见"是抽象概念。课文大意最后都是得出抽象概念。这里牵涉到概括课文大意的方法问题，我们今天正要学习概括课文大意的方法。首先要确定基本概念。

生：老师，怎样确定基本概念，我们还弄不清楚。

师：你们在日常生活中经常运用基本概念进行思维，知道吗？（学生不作声）

师：你们写作文要描写一个人，要描写哪些内容呢？

生：（你一言，我一语）外貌、心理、语言、行动、表情……

师：你们说的这些都是基本概念，你们在运用这些基本概念构思作文。"外貌""心理"等这些基本概念都是抽象的，他的外貌怎么样、心里想什么，都不具体。你们要分清抽象与具体的范畴。

生：老师，到底怎样确定基本概念呢？

师：用通俗的话来说，你们看着一段课文的具体内容，可以想一想这一段内容属于什么问题，答案就是所要确定的基本概念。我们来试一试，看这个方法灵不灵。我说几个具体内容，你们看这些具体内容各属于什么问题。

生：（齐声）好。（学生注意力很集中，兴致很高）

师：我姓潘名凤湘。

生：姓名。

师：对，你的反应很快。再来，我今年68岁。

生：年龄。

师：对！再来，我原先高度近视，视力是 0.08；后来眼底病变，视力降到 0.05；现在发展到视物不清，视力下降到 0.02。

生：您的视力。

生：您的视力下降的情况。

师：非常正确！基本概念是"下降情况"，"您的视力"是限制成分。

生：老师，怎样确定限制成分，请您说一下，好吗？

师：好，你们钻研得很细。限制成分是限制基本概念的时间、地点、人物、事件、范围、数量、状态等情况。如《采草药》第一层在"否定意见"前加上了"古时"和"二月、八月"这两个属于时间的限制成分，还加上"采草药"这个属于事件的限制成分。

生：老师，从层到节到段，课文大意都要进一步概括，进一步概括这种方法我还弄不清楚。（有几位同学轻声附和）

师：概括有同级概念，还有上下级概念。所谓进一步概括，就是把同一层次的课文大意结合起来，想想它们共同属于什么问题，找到一个总的概念。如同级概念是诗歌、小说、散文、戏剧，它们的上级概念是"文学"。我再说一组同级概念，请你们说出它们的上级概念。这组同级概念是：火车、汽车、飞机、轮船、自行车，它们的上级概念是什么？

生：交通工具。（学生情不自禁地说"对"）

师：是的，你们的概括能力真强！我还说一组概念，请你们说出它们的上级概念。这些概念是：语文书、数学书、英语书、物理书、化学书、历史书、地理书、练习本。

生：（抢答）课本。

师：对吗？

生：练习本不属于课本。

师：你很细心，能明确区分概念。（课堂上出现了智力竞赛的气氛）

师：现在请你们开始概括《采草药》和《雁荡山》二则的课文大意，写出内容提纲。（学生伏案钻研课文，概括课文大意）

潘凤湘老师利用"教读法"，引导学生探索概括文章大意的规律，对学生语文素养的提高有积极的意义。

7. 置问于知识的引申处。

苏联教育心理学家维果茨基曾经提出儿童智力"最近发展区"的概念，"最近发展区"是指儿童在有指导的情况下借成人的帮助所达到的解决问题的水平与在独立活动中所达到的解决问题的水平之间的差异来确定的。根据维果茨基的最近发展区理论，问题应该设在学生智力的"最近发展区"内才是合适的，这与我国教育界很流行的一句话"摘挑子，要让学生跳一跳"不谋而合。因为最近发展区是学生现有发展水平与潜在发展水平之间的正处于形成状态的心理机能和活动水平。

教科书知识引申的地方很多。在知识引申的时候，学生自然就会产生疑问，这时候就需要教师做恰当的引导。引导得当，学生的问题就会得到妥善的解决。教师在课堂内容引申的时候，可以根据不同学生的"现有发展水平"设置难度不一的问题引导学生进行深入思考，以期使学生的智力、思维都得到不同程度的发展。

魏智渊在他的《人生的境界（第三课时）》中做了如下的引申：

师：我们上节课最后跟大家谈了谈儒家哲学里的义利观。我想知道大家对义利观现在有什么认识。

生：我觉得大多数人属于功利境界，都是求利的，义与利不能分开，儒家的义利观使人们欲舍利取义。

师：那么这种义利观会产生什么后果？

生：由于人性的问题，使人们有了一种说一套做一套的虚伪行为。

师：你的理解是很准确的。我们上节课还说过，这种义利观的哲学基础呢？

生：人性论。

师：对，儒家认为人性是善的。既然人性是善的，恶与私就不是人性中固有的，当然要彻底地清除出去。所以自然就把义与利对立起来了。

师：我们现在找点例子来讨论一下。大家有没有听过一个叫王海的人？王海是一个有名的打假英雄，但是王海的打假与其他人不同。王海打假是从打假中谋取利益，方式是发现假货大量购买，然后利用《消费者权益保障法》的有关规定索取几倍的赔偿。王海在一家叫隆福大厦的地方买了两副耳机，上面注明是索尼耳机，实际上这个标志是一个假标志。王海索取了赔偿。后来王海又去这个地方，发现类似的假货还在卖，于是一次买了十副耳机，又一次与商家对簿公堂，引起轩然大波。以下是两个人对此事的看法：

（读一则材料）中国社科院法学所民法室主任梁慧星认为：隆福大厦第一次售给消费者两副耳机有欺诈，"隆福"对这批"索尼"耳机的产地做了不真实的标志是否出于故意，不能以经营者的说法为准。即使"隆福"没有主观上的故意，但不真实标示的事实依然存在。至于消费者第二次在"隆福"购买十副耳机,"隆福"不构成欺诈,理由是消费者在购买之前已知道此型号的耳机是假货,没有陷入错误的判断。对此,也让"隆福"加倍赔偿,就会使消费者获得不当利益。

师:事情大家已经听清楚了。这位专家的态度是什么?

生:认为王海应该败诉。专家认为王海第二次是知假买假。

师:现在再听一个人的说法。

(读另一则材料)隆福大厦电讯商品部安经理说:王海第一次购买两副耳机是纯消费行为,经鉴定是假货,隆福大厦认打认罚。但消费者在知悉这种型号的索尼耳机是假货之后又买十副,其动机就值得考虑。既然已知是假货,为何还要购买呢?"隆福"两次卖耳机给王海本身不构成欺诈,欺诈必须有主观上的故意,我们是无意识的。但无论怎样,王海在隆福大厦买到了假耳机,并受到了一定的损失,说明我们进货把关不严,对消费者帮助我们发现假货的做法表示感谢。

师:这是商家的说法。第一次买耳机商家赔偿没有争议,争议在第二次,大家刚才听了一遍,请问商家讲了几点理由说明王海这样做不对?

生:王海故意买假货,动机不纯;自己虽然卖了假货,但不是有意的。

师:好极了!我们现在开庭,我是审判长,大家都是陪审团。咱们来个投票表决,你认为王海应该胜诉还是败诉?

生:我认为应该败诉。商场虽然卖假货,但不是故意的,而王海却是故意买假货,他的行为已经构成了欺诈。

生:我认为应该胜诉!王海第二次之所以能买假耳机,目的是让商场贩卖假货的人意识到,消费者在注意着你们!

生：我觉得要一分为二地看。我认为，双方都有过失！商场的行为是欺诈行为，王海的行为虽然能保护消费者的利益，但是他本身也是一种欺诈行为！如果任凭他从欺诈中获益，那么道德何在！商场要赔偿损失，而王海也应该受损失！

生：我不同意！我认为王海应该胜诉！人都有功利心，没有私心的人是没有的！如果王海不这么做，商场还会继续卖假货！

生：我觉得王海如果真要打假，他应该去告诉商场经理，这是假货，请你及时清除，或者通知有关部门，但他没有！他利用对方的弱点牟取暴利！

师：我现在不做评判，我问大家一个问题：如果你是消费者，你是愿意王海多一些还是不愿意看到王海这样的人？

生：（异口同声）愿意多一些。

师：既然如此，那又为什么要让王海败诉？这不是自相矛盾吗？王海打假对社会有利还是有害？

生：有利。

师：既然对社会有利，能不能说是义？

生：能。

师：对，公利即义！王海的行为是行义。那我们为什么要阻止行义的行为？大家有没有想过我们的深层心理？我们反对王海的关键在什么地方？

生：他为自己谋利。

师：对，关键是我们认为王海打假的动机是为己的，是为自己谋利的！刚才有一个同学提出说王海应该告诉商场或者有关部门，这是假货。这当然也是打假的一种方式了。那么大家想，如果王海不能从打假中谋取利润，他会去打假吗？

生：不会！

师：未必不会，他要是道德境界中的人呢？大家想，如果有成千上万个王海，社会上还会有假货吗？

生：不会。

师：是啊，至少不会像现在这么泛滥。那么大家想一想，我们一方面想让王海打假，我们受益，一方面又要让他败诉，这样合理吗？

生：（众笑）不合理。

师：我们刚才讲了义利观，如果让每一个行义的人在行义的同时都能得到利益，那么行义可能就会成为一种普遍的行为。如果让一个人行义，同时又要指责他从中获得利益，可能就没有几个人行义了，因为大多数人毕竟在功利境界啊。所以我们不能把义与利割裂开来，对立开来。

在这节课里，魏智渊老师通过自己在课堂上妙趣横生的旁征博引对冯友兰先生的哲学思想做了很生动、很深刻的阐释。学生在老师的课堂上可能产生的疑问通过师生之间的交流得到了妥善的解决。老师利用课堂上知识的恰当引申把知识变成了能力。

教育家苏霍姆林斯基认为：必须向教师提出具体的建议——应当怎样提问题，才能刺激学生的智力发展，防止把学生推上死记的道路，以及激发学生思考，培养学生的兴趣。所提的问题要求学生对教科书里的教材进行思考性的阅读，做到充分理解。所以，我们教师在上课的过程中必须注意找到学生产生疑问的"点"，由点带面，步步设疑引导学生思维的发展。

8. 置问于知识的矛盾处。

教学内容进行到矛盾之处，也就是学生认知上最感到困惑的地方，而这往往也成为教学的难点，在这里设疑和提问，也最容易引起学生的积极思考。如在语文学习中的课文内容看起来有似乎"自相矛盾"的地方，其实这正是作者落笔的着力之处。在这些地方提问，往往可以引导学生把课文理解得更深刻。如《孔乙己》最后一句话"大约孔乙己的确已经死了"，"大约"和"的确"是矛盾的，教师如能抓住它来提问，鲁迅为什么要在一句话中并列使用这两个词，其用意是什么？这必然会引起学生的争论、深思和解答。孔乙己是被社会遗忘的人，他的死无人过问，作者用这一句话来做悲剧的结局，并列使用的用意在于表明根据孔乙己的遭遇，无疑可以断定他是死了，但他的死活无人过问，因此又只能假设表示不肯定。这正是鲁迅用语精练、恰当之处。

9. 置问于学生的新发现处。

在学生的学习有所发现时提问效果最好。这时候的提问，能极大地发挥学生的主观能动性，最大限度地锻炼学生各方面的能力。

以下是一位教师教完《夜走灵官峡》后所记录下的他的成功的激疑与提问。

"在'我'的眼里，成渝是个什么样子呢？"我提出问题后，朗读课文的有关语句，故意略去原文中表神态的词语。不一会儿，一阵细细的议论声传开来，打破了课堂的安静。我心里一动，是喜悦？是兴奋？我品尝到了一种导演看到演员入戏时的喜悦，农民预期丰收时的兴奋。随着朗读的结束，同学们面面相觑，睁大的眼睛里流露出"惊愕"与"犹豫"的神情。

"我读错了吗？"我及时给同学们送去鼓励。

"你漏掉了'傻呵呵地'。"

"还漏掉了'忽闪忽闪地'。"

"还有，还漏掉了……"

"哦，你们的耳朵真厉害！"诚恳的称赞使学生们不禁会心一笑。

"不过，去掉这些话，不是更简洁了吗？"加重的语气，加上探询的目光起到了预期的激疑效果。

"不，没有'傻呵呵地'，不能表明成渝的认真劲。"

"去掉'挺起胸脯''用舌头'，成渝的活泼可爱就表现不出来。"

"成渝的眼睛'忽闪忽闪地'，才显出他的机灵。"

"哦，怪不得你也有'忽闪忽闪'的眼睛，原来你也挺机灵呀！"笑声一片。

成渝，聪明、机灵、活泼、可爱的工地小主人的形象，活脱脱地来到我们的课堂里。

有智慧的教师要与学生一起制定必要的课堂规则，提高课堂应变能力，千方百计使学生集中注意力，注重课堂教学中的语言艺术。

案例呈现

【案例一】

微笑的魅力

刘桂芳

微笑是一种魅力，它能强化信息的沟通功能。在人际交往中，微笑使强硬变得温柔，困难变得容易，一个微笑能使矛盾双方言归于好。如果班主任能以微笑迎人，不用语言训斥人，那他能取得事半功倍的效果。

我在一次处理班内的一次事件中运用了"微笑"，取得了较满意的教育效果。

我所教的班级女生较多，且大部分学生都踏实、听话，但有个别女同学比较调皮，自制力较差，爱说爱闹的。

中午学生午休后回教室的时候，我按时走向教室去组织学生，快到教室时，就听到教室里传来吵闹声。于是，我推开门进了教室，班级里马上有学生喊："刘老师来了"，学生们个个神情紧张地看看我又看看正在吵架的贾和李，好像在等待着"暴风雨"的到来。我沉默了片刻，用温和又不乏幽默的语气说："怎么了，你俩准备演小品？"学生们看到我的一张笑脸，都露出惊奇的神色。我又说了一句，"来说说演得什么内容，同学们的目光都瞄向了贾和李，她俩的脸一下子红到了耳根。但我仍然微笑着，紧张的气氛马上缓和下来了，于是我开始打开电脑，组织学生午唱。

随后我把她俩叫出了教室，仍然面带微笑，说说你俩为什么吵，这时她俩又争起来，我说："你们先自己想一想，我相信你俩都是诚实的孩子，实事求是地说一下事情的过程和整个事件中自己的过错，贾先说。"她俩嘟嘟囔囔地说完以后。我说："每个人都会做错事，但你俩现在能认识到自己的错误，我相信以后肯定不会再发生这样的事了，对吗？"我微笑着说。你俩现在把最想说的一句话写在我的日历上，让我们共同见证，好吗？李写道"愿我和贾的友谊地久天长！"贾写道"现在我才知道什么是友谊。"果然，以后一段很长的时间，她俩确实没有出现过类似的情况。

通过这件事，我深深地体会到微笑的魅力。试想，如果不是这样处理，那么事情可能又将是另一种结果。正因为我的"微笑"，使这两个学生从中体验到教师的信任和宽容，同时也使她俩的自尊心没受到伤害，也拉近了师生间的距离。对自己的行为感到不安，真正认识到自己的错误，并鼓起勇气承认了自己的错误，以实际行动改正。

作为一名教师，不管是班主任，还是任科教师，我想：在教育学生的过程中，应多一份真诚，多一份爱心，多一些充满希望的微笑。

【案例二】学生上课迟到了怎么办

早晨第一节是一堂数学课。老师刚开始讲课，门突然被撞了开来，小张同学气喘吁吁地出现在教室门口，敞着胸，歪戴着帽子——他的狼狈相惹得全班同学哄笑起来，课堂上一时乱了起来。老师没有发火，而是问道："同学们，我们制定的课堂规则第一条是什么呀？"同学们齐声回答："上课不迟到。""那么，违反了这条规则该怎么办？"那位迟到的学生，不好意思地说："上课迟到，影响了大家的学习，为了表示歉意，应该唱一首歌。"他唱了一首刚学的新歌后，在同学们的掌声中走向自己的座位。

对于违反规则上课迟到，并因慌乱的狼狈相引发大笑"扰乱"课堂秩序的学生，教师没有训斥，更没有采取罚站等手段，而是要同学们一起对照课堂规则，自我评判这一行为。上课迟到要"罚"唱的条款也制定得很妙，既对迟到者起到一定的警戒作用，也维护了学生的自尊。

【案例三】

研究我的学生

齐文友

我每接手一个新的教学班级，就能很快地全面了解学生，对每位学生的个性特点、兴趣爱好、家庭情况、身体状况、知识基础和喜怒哀乐等都了然于心，根据这些采用最适合他们的教学方式，使他们的课堂效益实现最大化。同时，我善于向学生学习，从中吸取灵性，激发我的工作活力。

怎样提高学生的数学素质？怎样调动学生学习数学的积极性，使学生的学习兴趣得以保持和发展？在这方面我有以下的实践：

1. 充分满足学生的表现欲望。

成功和表现是互相联系的，有机会表现，才能有机会获得成功。要知道，人总是希望被欣赏的。因此教师要尽量满足学生的表现欲望，为其创造自我表现的机会，给学生提供表现的舞台，使之在表现中增强兴趣，优化个性。

2. 适时肯定学生的主动参与。

在数学教学中，对于学生的点滴进步都要给出充分的肯定，坚持多鼓励、勤表扬的原则，对于基础较差者，更要注意选准角度，用恰当的语言进行肯定评价，使得学生感到老师在注意着自己，自己的努力没有白费，老师看到了自己的进步，这样他们的积极性肯定会高涨。

3. 创设认识"冲突"，激活学生思维。

心理学家瓦龙说"思维者，克服矛盾之过程也"。在数学教学中，教师要抓住教学所面对的新问题的内部矛盾，恰当地创设认识"冲突"，以引起学生的注意和积极思维。

4. 鼓励学生大胆质疑。

在学习数学及解决数学问题的过程中，学生能大胆地提出新的问题，能对新接触的问题大胆地提出质疑或不同观点，这是学生兴趣的重要表现，是深入思考的结果，教师要及时鼓励和表扬他们。

5. 进行多变训练，培养学生思维的灵活性。

在数学教学中，例题的教学是一个重要环节，要使学生在解题中，广开思维，掌握规律，还必须培养学生的多维化思维，从而进一步提高学生学习的兴趣，培养学科素质。

6. 指导学生构造知识网络。

学生在猎取了大量知识后，往往感到书本越来越厚，包袱也越来越重，教师首先要积极指导学生做好构造只是网路的工作，以便使学生所学的知识系统化，实现知识的"浓缩"。其次，把遇到的各科问题归纳、引申、类比、联想，揭示其内在的联系和规律性，使之高度抽象、概括、达到知识的"结晶"，最后，通过系统、串联、条理、归并、自主探究，可达到知识的"精炼"。

我认为，一切有利于激发学习兴趣、开发学生智力、挖掘学生潜力、培养学生良好的学科素质、培养学生的自主创新能力和创新精神的方法，都是好的教学方法。我们应该提倡多种教学方法的融洽，而不应该去死套某种教学方法模式。

拓展研讨

1.课堂教学中，有些老师为了激励学生，常常动不动就用"你真棒""你太了不起啦"等语言评价学生，但效果常常适得其反。其中一个很重要的原因是，教师对受表扬者不了解。"表扬也要建立在了解的基础上"，你同意这一观点吗？请结合实例谈谈你的体会。

2.以了解班级的一个学生为例，设计一个谈话提纲，撰写一个学情分析个案。

话题二　课堂教学设计智慧

理论导航

一、教学设计的关键要素

1. 学习内容分析和设计。

学习内容的分析与设计是解决课堂教学"教"什么和"学"什么的问题，是教学设计的关键环节，也是教学设计的主体部分，其质量的高低直接影响教学活动的成败。

课堂教学教师教什么、学生学什么看起来似乎比较简单，因为在教科书、练习册和课程标准中都已经确定了。其实不然。课文等教材只是界定了要教学的内容，教师的责任是根据学习者的需要对它们进行选择、组织和排序，要依据课程标准的规定和学生的实际水平及情绪状态对教材进行"再度开发"。

就语文阅读教学来说，对教学内容的分析和设计，教师不但要对每一篇课文的内容进行深入解读，确定教学的难点重点，处理好每一课时的内容安排，还要考虑各篇课文之间的联系，每一篇课文在本单元中的地位和作用，在本年段乃至整个学科系统的地位和作用。

对教学内容的分析和设计，还必须重视课程资源的开发和利用，要"用教材教"而不是"教教材"，教师必须对教材内容做出"本土化""校本化"处理。这些都对教师提出了更高的要求。

2. 学习者分析。

学习者分析也称"学情分析"。教学是"教"与"学"的双边活动，教师怎么教是由学生怎么学决定的，而怎么学，又是由作为学习者的学生的知识储备、学习技能、思维能力、精神状态以及情感态度等所决定的。因此，充分了解与分析学情，是有效教学的前提和基础。陶行知先生早就说过："教什么和怎么教，绝不是凌空可以规定的，它们都包含'人'的问题，人不同，则教的东西、教的方法、教的分量、教的次序都跟着不同了。"先生所言，就是主张教学设计一定要分析好学情。

学情分析，当然要对学习者的学习起点做全面的了解和分析。既要了解分析学习者的知识水平、技能水平，也要分析学习者的情感态度、兴趣爱好。需要特别强调的是，有效教学的关键在于能够了解学生的学习需要以及不同学生之间的差异，学生的需要和差异往往并不限于知识水平，而在于求知热情。所以有识之士提出，在教学设计时不仅要考虑"我应该讲些什么知识"，还要考虑"我应该如何让他们对这些知识有热情"。为此，学习者分析尤其要关注学生的个性差异，学生的个性差异包括知识能力、先前成绩、自我意识、学习风格以及家庭生活等。

3. 教学目标设计。

教学目标设计是对教学所要达到的预期结果的预测，是教学设计的重要环节，科学、合理的教学目标是保证教学活动的必要条件，因此，良好的目标设计是教学设计中最重要的一项任务。

我们过去的教学目标拟定，常以"掌握……""了解……"等开头，是一种较为明显的以知识获得、技能形成为基本价值取向的目标设定。新课程实施以来，为课堂教学架构起"知识与技能""过程与方法""情感态度价值观"三维整合的教学目标，使课堂教学真正为学生素养的形成及可持续发展服务。其意义无疑是巨大的，它让我们课堂教学的终极意义指向了人，指向了人的发展。不仅指向知识技能的获得，同时重视方法的运用与习得，还注重情感态度价值观的渗透、陶冶或建构，而且，这一切不是在"传授""灌输"的方式中获得，而是在学生主体亲历、主动参与以及师生教学互动的过程中生成，"过程与方法"既是一种途径与载体，同时本身也成为教学的重要目标。因此，教学目标的设计，一定要明确三维目标之间的关系，要注意三维目标的融合。

教学目标要清晰、明确、具体，并具有可操作性。目标是学生通过学习所应达到的行为结果，对这种结果要达到程度的措辞要准确、明晰，不能含糊其辞，更不能有多义。教学目标还应该包括行为得以实现的重要条件，对于行为是否达到了目标的要求，要能进行判断。传统目标表述方法中往往使用"了解""理解""提高什么什么水平、认识"等用语描述学习结果，表述不明确，缺乏可操作性，使人很难直接观察行为所涉及的过程或结果，很难对行为是否达到目标进行判断。这些问题都要避免。至于教学目标应该具体到什么程度，很难有一个精确的说法。有效教学的关键在于教师所提出的目标能够既不至于因为太抽象而令学生无动于衷，又不至于因太具体琐碎而令学生不得要领。有专家认为：如果说教学目标应该表述得具体一些，那么，这种具体的教学目标应该以能够激励、引导学生热情地投入学习为标准。

4. 教学策略设计。

教学策略是教师为达到教学目标而采用的教学组织形式、教学方法、教学媒体和教学结构程序等的总称。选择最有效的教学策略，是实现最优化教学的可靠和必要的保证。正是在教学策略的选择、设计方面，教师在课堂教学中的主体作用得以充分体现。教学策略涉及的面很广，根据初中语文课堂教学的实际，我们在这里特别强调教学方法的选择、教学情境的创设以及教学媒体的应用三种。

古人说："教学有法，法无定发，法贵在活。"这是关于教学方法的至理名言。设计教学方法，必须依据教学目标、教学内容以及学生情况、教师本身的素质、特点等，根据各种教学方法的功能，贯彻启发式、发现式等教学的原则，做出灵活的选择。设计教学方法，还要注重各种教学方法的有机结合，以发挥教学方法的整体效果，这种整体效果的发挥，与多种教学方法之间的内在联系有着密切的关系。

教学情境是指在课堂教学过程中，教师根据教学内容与教学目标、学生的认知水平和心理特征以及客观现实条件所创设的一种引起学生的情感和心理上反应的、对学生的意义建构起帮助和促进作用的氛围和环境。教学情境是一种特殊的教学环境。语文课堂是学生进行语文实践的重要场所，努力创设情景，营造良好的氛围，让学生在富有活力和创意的课堂上展开自主学习和探究，是一项十分重要的教学策略。一般认为，情境创设分两种情况。一种是学科内容有严谨结构的（如数学、物理、化学等理科）情境创设，要求创设有丰富资源的学习环境，其中应包含许多不同情境的应用实例和有关的信息资源，以便学生根据自己的兴趣、爱好去主动发现、主动探究。语文、外语、历史等属于学科内容不具有严谨结构的文科，一般要求创设接近真实情境的学习环境，这样的仿真学习环境，能激发学习者参与交互学习的积极性，在交互过程中完成问题的发现与解决，以及知识的应用和意义的建构。

在现代课堂教学中，教学媒体的选择和应用，是教学策略中不可或缺的重要手段。现代教学技术的应用，为课堂教学多媒体的使用提供了有力的技术支撑，但也带来了许多弊病。教师在设计现代教学媒体时，一定要注意现代教学技术与语文学科内容的整合，与传统教学手段的整合，关注如何通过现代教学媒体的应用，促使教学方式的转变。在现代教学媒体的设计方面，要体现科学性、实用性、艺术性、技术性等特点。

5. 课堂教学评价设计。

课堂教学评价主要指对课堂教学的过程和结果做出一系列的价值判断。教学评价所包含的范畴很广，涉及教的质量、学的质量、内容的质量和媒体的质量等。我们这里所讨论的，主要是课堂学习评价，指执教者在课堂教学中对学生的学习行为以及与之相关的情感态度、思想状况、方法采用、学习成效等方面实施评价。课堂学习评价的主要目的，是为了及时获得教学活动的反馈信息，以检测学生学到哪些知识，获得哪些发展，发展到何种程度，比较准确地判断预定目标的达成度。教学评价设计，是教师在进行评价之前和评价过程中，对上述课堂学习评价的一系列问题进行周密的思考和安排。一般来说，要针对教学过程的各个不同阶段设计相应的评价：在教学前，要有"准备性评价"，其目的在于了解学生对即将开始的学习内容，是否具备所需要的起点行为和基本知识与技能；在教学过程中，要设计"形成性评价"，以及时了解学生学习情况和已经达到的水平，必要时，还可设计"诊断性评价"，诊断学生学习过程中产生问题的原因，及时采取补救措施；课堂教学结束阶段要设计"总结性评价"，对本堂课学生的学习做总结性的评判。

课堂学习评价设计，应当着眼学生的全面发展，既要关注知识性目标，又要关注技能性目标和体验性目标。课堂教学评价设计要注意采用多样化、多元化的评价方式，处理好即时评价和延时评价的关系，充分发挥评价的诊断功能、导向功能、激励功能、改进功能。

学习效果评价是课堂学习评价的重要内容，学习效果评价主要围绕三个方面：自主学习能力；协作学习过程中做出的努力和贡献；是否达到意义建构的要求。教师要注意设计出使学生不感到任何压力、乐意接受，又能客观地、确切地反映出每一个学生学习效果的评价方法。

根据评价结果，为学生设计出一套可供选择并有一定针对性的补充学习材料和练习、测试题，是课堂教学设计的重要环节。教师要精心设计课堂和课外练习，这些练习，既要反映基本概念、基本原理，又要反映学生应该掌握的基本技能以及情感、态度、价值观，还要注意适应不同学生的需求，通过这样的强化练习，纠正原有的错误理解或片面认识，最终达到符合要求的意义建构。

二、教学设计的智慧体现

1. 创设良好的课堂环境。

教学情境是课堂学习环境的重要组成部分。在以"学"为中心的教学设计中，良好的课堂学习环境尤为重要，大量已有的研究和实践表明，积极的课堂环境能够激发学生自主学习的积极性，它是促进学生自主学习的第一步，也是十分关键的一步。在教学设计中，作为学生自主学习的指导者和帮助者，教师理应承担起创设积极的课堂环境的责任。创设良好的课堂环境，要特别关注协作学习环境的设计。设计协作学习环境的主要目的，是为了在学生个人学习的基础上，通过有效的小组讨论、协商，进一步完善和深化对主题意义的建构。如何组织和引导学生开展协作学习？诸如怎样的问题该通过协作学习解决，协作学习的问题如何提出？协作小组如何组织？在学生开展协作学习过程中教师如何引领、指导？对学生协作学习中的表现如何适时加以恰当的评价？等等。都要认真地设计好。

课堂学习的外在环境也很重要，包括教室的布局，室内的整洁、光照，座位的安排等，应该让学生感受到身心的舒适和愉悦，很快地把情绪调整到最佳状态。这些问题，在教学设计中教师都要予以关注。

2. 营造良好的课堂心理氛围。

课堂学习环境虽然在一定程度上能够影响学生的心理，但师生内部的心理更是学生自主学习积极性能否发挥，自主学习能否取得理想成效的决定性因素。教学设计中，教师在如何营造良好的课堂心理氛围方面应该下一番功夫。一般来说，营造良好的心理氛围主要有以下一些途径：消除学生的学习焦虑，使他们的学习情绪产生"安全感"；建立融洽、平等的课堂人际关系；让学生体验成功；对学生表现更高的期待；对学生的进步或失败给以适当归因；设置疑难情境；等等。

3. 重视学生的自主学习指导。

重视自主学习指导，意味着教师在教学设计中，要认真思考和解决：如何使用多种灵活的手段有效指导学生自主学习；如何对不同班级、不同年龄段的学生采用不同的指导方式；如何既有效指导学生进行个别的学习，又有效指导学生进行集体学习，等等。

重视学生的自主学习指导，还要求教师必须十分关注学生的自主学习设计，自主学习设计是以"学"为中心的教学设计的核心内容。教学策略的重要内容之一的"教学方法"设计，在以"学"为中心的教学设计中，更多地表现为指导学生采用合适的、最优化的学习方法和策略。

4. 提供合适的学习材料。

学生在课堂学习中自主学习的材料，包括教材、学习辅导材料等。其中，教材是学生学习的最重要的依据，是最主要的学习资源之一，在学习材料中占有重要的地位。提供给学生自主学习的教材，应该具备自学式教材的特点，有专家通过与一般教材的比较，总结出了自学式教材的若干特点。不难发现，专家们提到的自学式教材的很多特点，现行教材都不具备。上文我们谈到，在教学设计中，教师必须对教材进行"再度开发"，在以"学"为中心的教学设计中，这个环节尤为重要。为了便于学生自主学习，教师要花大力气进行处理，使学生自主学习的材料更加简略化、结构化、简易化、丰富化。

5.为学生提供适当的实践机会。

"做中学"是教育界的一句名言，实践性更是语文教学的一个重要原则。可以说，语文实践活动，是学生学习语文，提高语文素养的唯一途径。贯彻语文教学实践性原则的一个重要举措，就是还学生以实践主体的地位。在以"学"为中心的教学设计中，教师要着力思考，如何在课堂教学中为学生提供足够的适当的练习、实践机会。要注意给学生提供真实的、情境化的练习、实践机会，多样化的练习、实践机会，个别化的练习、实践机会，等等。还要注意集中练习与分散练习相结合。

案例呈现

【案例一】

我的好课观

孙双金

我的好课观，可用16个字概括，即"书声琅琅，议论纷纷，高潮迭起，写写练练"。

1.书声琅琅。

书声琅琅应当成为一堂好课的首要特征。这是我国传统阅读教学的宝贵经验。"熟读精思""书读百遍，其义自见"强调了读在理解中的

73

重要性；"熟读唐诗三百首，不会作诗也会吟"强调了读在写作中的重要性。书声琅琅，要求语文教师把读书训练摆在第一位，既要提高读书的数量，更应提高其质量。短的文章要让学生熟读成诵；长的文章可选取重点部分、精彩章节让学生反复朗读，仔细品味，消化吸收；浅显的课文，要让学生读得顺畅流利；深奥的课文要让学生读得明白，读出滋味。

2. 议论纷纷。

议论纷纷，指的是课堂教学中学生的发言声不绝于耳。"议论纷纷"强调的是说的训练。课堂教学中，对说的训练重视不够，方法不多，说话训练大多是老师问，学生答这样的形式。我认为，课堂说话训练的形式可多样化，有一问一答式、各人自说式、同桌互说式、四人小组讨论式、分组辩论式、一人主讲其他同学补充式等等。如果我们仅满足于表面上热热闹闹那是不行的，还要求我们讲究说话训练的质量。对学生发言，要从"只求其对"向"更求其好"发展。发言好的标准是什么呢？我认为可用"言之有序、言之有理、言之有情"三句话来概括。

3. 高潮迭起。

所谓高潮，就是指学生思维最兴奋、最活跃的阶段，学生智慧的火花时时闪现的时候。有的课表面看似热热闹闹，气氛活跃，实际一节课下来，学生思维不活跃，收获无几，因此我提出"高潮迭起"是一堂好课的重要标准。当然，一节课如果波澜起伏高潮迭起，自然十分成功，十分精彩。但即使高潮不能迭起，作为一堂好课必须得有一两个精彩处、闪光点。如何在课堂教学中让高潮迭起呢？我以为教师深入钻研教材，真正吃透教材是前提，灵活巧妙地处理教材是关键。根据我的体会，掀起高潮常用的方法有这么几种：紧扣文眼掀高潮，平中出奇掀高潮，层层剥笋掀高潮。

4. 写写练练。

课堂教学中一个通病是讲风、问风太盛，学生练习的时间太少，尤其是笔头练习时间更少。好的练习要"练得准、练得巧、练得及时"。练习的设计要和本单元、本课文的训练目的一致，讲什么就应练什么，讲练结合。不同年段，不同课时，训练的重点应有所不同。其次练习设计要巧妙、新颖、有吸引力。这样才能让学生在兴趣盎然中"乐此不疲"。

【案例二】《我的老师作前指导》教学片段

教师在上课伊始，对全班同学说道：经过和大家一段时间的接触，老师发现了我们班同学身上的许多优点，同时也了解了你们的个性。我想说的一句话是：老师很喜欢你们。我最近写了一篇文章就是有关你们的。现在，我来读一读，请同学们说说我写的是哪些人？教师朗读起自己的下水作文，学生听得很认真。在老师朗读的过程中，学生不时窃窃私语，根据老师描述同学的特征和讲述的故事，来猜猜老师写的是谁？老师读完以后，班级里就议论开了。教师提出了一个思考的问题：为什么同学们能根据描述就猜测到是谁呢？学生指出：根据老师对同学的外貌、行为、典型性的语言描写……在学生高涨的情绪状态下，老师顺势说到，老师动笔写了我眼中的你们，现在也请你写写你眼中的老师如何？学生欣然动笔，表现出了极高的热情。

著名教育家苏霍姆林斯基说过："学校里的学习不是毫无热情地把

知识从一个人的头脑装进另一个头脑里，而是师生之间每时每刻都在进行的心灵接触。"我们之所以如此关注学习过程中的情感，是因为它直接影响了学生的学习过程和学习效果。情感态度具有激励、推动、调节、感染和移情的动力功能。例如作文教学设计中，教师常常关注的是写作手法的指导，而忽视情感的交流，这也是导致学生不爱写作文的原因之一。上述教学设计中，教师预先设计了与学生情感交流的环节，教师的"下水作文"，以真情感染了学生，也调动起了学生写作的欲望。同样，在阅读教学中，教师进行教学设计时，要注重教师与文本的"对话"，师生"对话"，生生"对话"，生本"对话"，形成一个较为稳定的情感交流互动圈，让课堂成为师生灵感激发，智慧共长的地方。

【案例三】《母亲的恩情》教学片段

在对文中《游子吟》前四句诗理解并反复诵读后，老师在悠远的古琴声中向学生娓娓讲述："儿子即将远行，晚上，油灯前，母亲还在赶着为儿子缝制衣物。丝丝银发见证了孤儿寡母生活的艰辛。多少个夜晚，她安顿好儿子后织布、缝补直到天明；多少回在领回受伙伴欺负的儿子后，母子俩抱头痛哭……在含辛茹苦中，是儿子的勤奋懂事让她得到宽慰，是儿子的笑声和成长给了她生活的希望，她是多么舍不得儿子离开家、离开她啊！但好男儿志在四方，为了儿子能一展宏图，能报效国家，她只能把这千般情万般爱融入这针针线线中……"学生眼圈红了，动情的讲述让学生的心跟母亲的心靠近了。当学生被母亲感动时，老师提出要求："此时此刻，如果你是孟郊，你想说什么？请拿出笔写一写。"

此时的读写结合设计于无声中丰富着学生的感情世界，拓展着学生的思维空间，潜移默化地使学生感到作文不是静止的、僵化地用文字再现生活，而是丰富的、开阔的、鲜活的，甚至是飞跃的。阅读教学中如能巧妙而合理地进行读写设计，会使学生入情入境，在阅读中深刻地体验到某种情感，产生共鸣，从而有写作的冲动，即《文心雕龙》中所说的"情动而辞发"。此时的写就不再是一种模仿和学习，而是一个创造的过程，是心灵的震动，是精神的升华。正因如此，在文本的哪些地方可以安排读写，就成为教师教学设计不容忽视的问题。

📋 拓展研讨

1. 举例说明你在教学设计过程中的智慧体现。

2. 举例说明你在课堂教学中的提问方式与技巧。

话题三　师生关系沟通智慧

▥ 理论导航

　　因为教育是教与学交互作用的双边活动，是师生双向反馈、教学相长的过程。其中教师是教学目的的实现者，教学活动的组织者，教学方法的探索者，他们控制着教学的各个环节，左右着教学活动的方向和进程，因此教师应在消除师生心理隔阂方面起主导作用。那么，怎样才能消除师生心理隔阂，促进教学发展呢？

　　事实上，心理隔阂或心理相容都是一种情感体验。现代教育理论告诉我们，情感是人对客观现实的一种特殊的反映形式。它是人对待外界事物的态度，是人对客观现实是否符合自己的需要而产生的体验。师生间的情感关系是指教师和学生在教学活动中自然形成的态度和感受以及在此基础上产生的心理联系。这种关系使师生摆脱了既定的"教师"和"学生"角色的束缚，把师生双方联结在一定的情感氛围和体验中，实现人格、精神和情感信息的传递和交流。正因为这样，师生关系才真正表现为实质意义上的人际关系。

在教学过程中，教师和学生都是作为有着丰富情感生活的个体而存在和交往着。师生之间的人际交往活动表现为群体交流、社会知识、社会情感、社会态度等各种不同的社会心理过程。他们因信息交流、互相了解和评价而形成特定的情感关系。教师通过了解学生的过去，观察学生的课堂表现，会对学生个体和群体形成一定的态度，如喜欢、满意、不满意、失望等。学生也通过对教师言行举止的观察和对教师教育水平的评价而形成尊重、亲近或敬畏、疏远等态度。

鉴于此，要消除心理隔阂，促使师生都积极主动地参与教学，从而改善教学状况，提高教学质量，就必须要强化积极的情感体验，建立民主、理解、合作的师生关系。

一、我们该怎么做

1.多研究学生，了解学生的学习态度、心理状态和实际需要，因势利导。

苏霍姆林斯基曾在《给教师的建议》一书中提到："请你记住教育——这首先是关怀备至地、深思熟虑地、小心翼翼地触及年轻的心灵"。这种心灵的"触及"，就是要我们多研究学生，了解学生的心理状态和实际需要，这是消除心理隔阂，建立和谐师生关系的根本。

要了解学生对课程的学习态度、兴趣和愿望，还要了解学生同教材有关的知识状况，生活经验，社会经历，思想情绪以及思维能力和方法，这样才能理解学生，在教学中寻找到统一认识的起点和方法，达到教育的目的。现代学生身心发展迅速，知识面广，信息源多，思维活跃，生理、心理和智力的发展促使他们的自我意识逐步增强，他们希望以平等的身份同教师交换思想，探讨问题。对于空洞的说教和违背青年人特点的做法，容易有反感情绪和逆反心理。比如中学生关注时事和社会现实问题，并且或多或少地持有不少独立的看法，当然有一些不一定成熟。教师如果能够注意到学生的发展特点，不是强硬制止，而是因势利导，结合课文补充时事以拓宽知识面，则可能在教学方面起到事半功倍的效果。

2.多接触学生，缩短师生距离，以理解和沟通的心态进入学生的世界。

师生之间的相互交往和沟通，都是以理解为导向的。没有理解，双方很难形成对话，更别提沟通。师生间的交往关系比单纯的人际关系更复杂，因为这种交往关系不仅仅是双方精神世界的相互作用，而且还包含着知识、思想和意义的传达。因此师生之间的理解既包含着人际理解，又包含着对知识、思想等的意义理解。师生之间的相互理解是构成双方共同行动的基础。通过理解，他们才能相互承认、相互接纳，才能形成真正的教育交往，教育活动的目标才能实现。

教师理解学生，首先，应该是把学生作为精神整体进行交往，尊重他的人格和自由，支持他、鼓励他，站在平等的地位而以朋友式的人格的相遇来引导他和帮助他。也就是说，应该放下师道尊严的架子，降低自己的主体意识，深入到学生中去。例如，变过去只靠上课接触学生为平时经常接触学生，变"守家门诊"——办公室回答问题为"上门服务"——教室回答问题，变守住讲坛授课为深入到学生座位中间讲课。

同时，教师应该抛弃自己的偏见，真诚开放地接纳每个学生的独特性，这样才能真正理解，相互沟通，形成和谐的师生关系。在课下应该主动和学生打成一片，自觉地、高兴地做他们的知心朋友，回答他们的问题，参加他们的活动，了解他们的想法，这样才能缩短师生之间时空上的距离。对于他们正面的新奇想法，教师可以给予鼓励；对于他们一些不成熟的表现，教师则应该理性地及时引导处理。总之，只有多接触学生，缩短师生距离，以理解和沟通的心态进入学生的世界，才能消除隔阂，建立和谐的师生关系。

3. 善于控制自己的情绪，坚持耐心教育，正确处理师生之间的矛盾。

和谐的师生关系，求之难，毁之易。师生关系是人与人之间的特殊关系，这种关系与其他人与人之间的关系一样，也会经常出现这样那样的矛盾。矛盾处理得当，会使师生关系更加和谐，处理不当就会造成坏的影响。为此，教师必须重视并正确处理师生之间的矛盾。遇到问题，教师要善于控制自己的情绪，要冷静思考，不要感情用事；要充分发扬民主，善于听取学生的意见；处理学生之间的矛盾要公正友善；处理师生之间的矛盾要因势利导，多作自我批评，处处以身作则；对待学生的错误一定要坚持正面教育，耐心教育。

4. 寻求与学生的合作，缩短师生心理距离。

合作是指师生之间彼此配合、互相协作。在合作师生关系中，教师和学生以完全平等的地位，真诚信赖的态度协同开展教学活动，学生在没有任何强制的条件下，充分发挥主动性和独立性，使学习在高效状态下进行。师生是合作伙伴，学生是学习活动的主动参与者。合作是新型师生教学关系的特征。

建立合作的师生关系是当今世界教育改革的潮流。美国著名教育评论家埃里斯在《教育改革研究》一书中断言:"合作教学是当代最大的教育改革之一"。它体现了教师主导、学生主体的理论思想,使教师的主导作用与学生的主体作用最佳地统一起来,它可以变师生单向、双向课堂交往为多向的全道式的课堂交往,提高学生课堂参与率。可以更好地调动学生学习的积极性、主动性,从而更好地培养学生的自主精神和创造才能。

那么,教师怎样能够寻求与学生的合作呢?

(1)要将自己的角色由"知识的传授者"转变为"学习的促进者"。

正如《学会生存》一书所指出的"教师的职责现在已经越来越少地传授知识,而越来越多地激励思考。除了他的正式职能以外,他将越来越成为一名顾问,一位交换意见的参与者,一位帮助发现矛盾论点而不是拿出现成真理的人。他必须集中更多时间和精力去从事那些有效果的和有创造性的活动,与学生互相影响、讨论、激励、了解、鼓舞"。

(2)教师要创造合作的契机。

教师应结合多种多样具体教学模式的探讨,努力探索教师主导学生主体的多样化合作形式,积极寻求师生双方积极性、创造性共同发挥的最佳途径。近年来,我国一些有远见的教育改革家提出了一些新的教学模式。如:湖北大学黎世法先生研究的异步教学、湖南师范大学教授郑和钧先生主持研究的协同教学模式、魏书生的六步教学法、张思中外语教学法、愉快教育、成功教育、希望教育、和谐教育、情境教学、主动思维训练法等教学模式。教师主导学生主体合作得越好,学生的积极探索性行为越多,越有利于培养学生的创新素质。

（3）教师要激发学生合作的欲望。

教学活动的设计和展开，应努力体现开放性。也就是说，任何教学活动都应在未完成的、需要探讨的情境中展开，应该为学生的学习创造留下充足的空间。比如"潜科学教学法"指教师在课堂上向学生展示自己讨论的疑难问题或尚未定论的问题，使学生看到教师创造思维和想象活动的过程。"社会探究法"指教师提出社会中存在的某个问题，由学生开展调查，提出假设，搜集证据，最后教师引导学生分析、概括得出结论。除此之外，还有"内容不完全教学法""发展问题教学法"和"多角度教学法"等。这些教学方法都很好地发挥了学生的主体作用，也很好地体现了教师的主导作用，使师生之间很好地进行了合作。

让我们记住这样的一段话吧，"对教学而言，师生交往意味着对话参与；师生交往意味着相互建构师生之间充盈着一种教育情景和精神氛围；对学生而言，交往意味着心态的开放，主体性的凸现、个性的张扬、创造性的解放；对教师而言，交往意味着上课不是简单的传授知识，而是一起分享理解；课不是无所谓的牺牲和浪费时间，而是生命的延长，自我实现的过程。"

如果我们真正做到了以上几点，消除了心理隔阂，建立了和谐、相容的师生关系。那么学生就不会像以往那样对教师敬而远之，而是亲近教师，相信教师，心悦诚服地接受教师的教导。教师也不必担心课难上，作业难交，上课启而不发。这样，师生都会以极大的热情投入到教学中去，从而改善教学状况，再辅之以教学目标的确立，教学方法的改进，激励机制的启动，必能大幅度提高教学效果，真正实现教学双赢，相得益彰。

二、智慧教师与学生有效沟通的三种方法

1.换位思考，有效沟通从这里开始。

"己所不欲，勿施于人。"孔子的这句话就是告诫我们在教育教学中要学会换位思考，从某个角度说，换位思考甚至可以说是教育的第一步。在现实中，我们有太多的老师就是因为缺乏换位思考，才出现打骂训斥学生的现象，致使学生拒你于千里之外，虽同在教室，咫尺之遥却成了天涯之隔。苏霍姆林斯基这样说："时刻都不要忘记自己也曾是个孩子。"

不可否认的是，一个优秀的老师是深谙换位思考之理的，只有换位思考才会爱学生，才会真诚地对待学生，才会尊重学生，才会与学生民主地相处。在这方面，李镇西老师是最好的例子，他总是能站在学生的立场想问题，时时处处从学生出发，以学生为本，无论是课堂教学，还是班主任工作，他都能以此为出发点和评判一切教育教学优劣的重要尺度与标准。应该说，这是一种教学境界，也是一种人生境界。

2.让微笑在学生的心田如花开放。

雪莱说："微笑，实在是仁爱的象征，快乐的源泉，亲近别人的媒介。有了笑，人类的感情就沟通了。"微笑可以化解令人尴尬的僵局，它能使学生产生一种安全感、亲切感、愉快感。微笑如花，花香四溢，溢满心田。卡耐基说："微笑，它不花费什么，但却创造了许多成果。它产生在一刹那间，却给人留下了永久的记忆。"微笑的神奇效果与功用由此可见一斑。

蒙娜丽莎让世人猜测不透，有着无穷的魅力，同样，老师的微笑也包含着丰富的内涵。学生犯错误时，一个微笑是对学生的宽容；学生进步时，一个微笑是对学生的激励；学生遇到挫折时，一个微笑是对学生的理解……老师的微笑是化解师生隔阂，拉近师生距离，沟通师生心灵的良方。微笑也是一门教学艺术。

3. 评语：师生心灵沟通的桥梁。

师生面对面的交流常常使学生显得拘谨、不自在，此时老师如不得法，往往会使师生无法进行深入的实质性的心与心的交流。这时，通过作业评语与学生进行交流不失为一种有效的途径与方法。

评语是师生心灵的对话与交流。评语是老师通过评价学生的德智体美劳等方面的表现对学生进行思想品德教育的一种方法。学生的个性是丰富多彩的，学生之间存在着个体差异，这就需要我们写评语时区别对待。对学生做出客观准确、有针对性的评价。另外，学生渴望被关注、因挫折而失去信心、因成绩下滑而烦恼、因父母离异而厌倦生活等，都可能以文字的形式出现在周记作文或纸条中，只要教师能对症下药，及时开出心灵的药方，他们就会主动亲近你，使你成为学生值得信赖的朋友。用心去写评语，用爱去浇灌心灵，用情去描绘学生的未来，就能够让学生在你的激励中健康成长。

三、师生交往的智慧

1. 构建相互尊重、民主平等的交往环境。

新课程理论认为，教师和学生都是教学过程的主体，都是具有独立人格价值的人，都有交往的主观能动性，两者在人格上是完全平等的。因此，在课堂教学中，教师必须尊重学生的人格，关注学生的个体差异，要充分发挥学生的主体性，创设能激发学生与教师交往积极性的交往环境。在民主平等、相互尊重的交往环境里，学生才能够敢于表达、乐于表达自己的想法，从而逐渐培养起坦诚说话的勇气，激活在教学交往中的主体参与意识，包括敢于参加言说，展示自我生命的勇气；表达意识，即将自我的理解体验能准确地用言语表述出来；协调意识，即与其他的言语主体进行协调，寻找共通；辩护意识，即能在尊重差异的基础上对自我的理解进行合理的辩护，最终达到主体在言论过程中的言之成理和同他人的沟通理解。

2. 以身示范，为学生树立良好的交往榜样。

教学交往中，要求交往双方不但要有如上所说的自由参与的勇气，还要有放弃"理所当然的"自信，为此要求交往双方在很大程度上克服自我，认真地倾听对方的说话。但是要做好倾听他人说话的准备并不是件容易的事，因为这要放弃对自己意见的单纯自信并在十分坦诚地承认他人也可能言之有理的情况下进行讨论。如果缺少这种准备，如果一方强调自己所说的是真理，而另一方还一味地试图"改变对方的想法"，这就不会有坦诚交谈的基础，就会出现"独白"这种专断的思维方式。为此，教师在交往中应该以自己的模范行为为学生做出榜样。

在教学交往中，教师不但要克服"话语霸权"倾向，耐心地、虚心地倾听学生，而且要以自身良好的道德情操、健康的情绪情感、文雅的言行举止、丰富的兴趣爱好去感染学生；尤其是要注意随时把握住自己可能产生的情感和心境，学会控制和支配自己的情感需求，并设身处地地从学生的角度出发，与对方展开坦诚的交往。这些行为不但能够有效地创设平等交往的氛围，而且这些行为本身就为学生做出良好的交往榜样。

在"理论精要"里我们谈及，教师必须形成良好的、为广大学生所欢迎的交往风格。教师具有良好的交往风格，不仅有助于激发学生积极参与交往的积极性，而且能够为学生树立榜样，促进他们如教师那样形成良好的交往风格。

教师在教学交往过程中都会体现出各自特殊的交往风格特点，人们对教师的教学交往风格的分类进行了大量的研究，一般大致可分为十种：喜欢支配的教学交往风格：教师表现为"意见领袖人物"，控制整个教学交往的进行。

富有戏剧性的教学交往风格：教师在教学过程中能熟练地运用夸张、幻想、故事、比喻、节奏、声音和其他文体手段来突出或说明所传授的教学内容。它有助于强调解说过程中的重点。

好争论的教学交往风格：教师喜欢与学生进行争论。

生动的教学交往风格：教学交往过程中，教师经常运用目光接触、面部表情和手势与学生进行交流。

能给人留下深刻印象的教学交往风格：教师在教学过程中，运用形象化的刺激物，使所教授的教学内容及教学方式都得到强调，从而使学生经常会再想到这位教师。

放松的教学交往风格：教师在教学交往过程中很镇静，在任何情况下都不会流露出紧张的神情。

注意力集中的教学交往风格：教师在教学交往过程中表现出喜欢听学生讲话，对学生所讲的内容表示出兴趣，并有意地做出反应来表示他在注意地听。

开朗的教学交往风格：教师在教学交往过程中，很乐意把自己的事告诉学生，并易于表达感情。这种教师往往没有什么秘密，也不保密，可以说是坦率的。

友好的教学交往风格：教师经常鼓励学生，公开表达自己对学生的赞赏。

准确的教学交往风格：教师在教学过程中力争严谨、准确，这表明教师对教学内容十分熟悉。

老师们可以认真地分析一下，上述哪些交往风格最为学生所欢迎，认真总结一下，自己在课堂教学中通常呈现的是哪些交往风格，认真思考一下自己的交往风格有哪些长处，还有哪些缺陷，如何加以克服。

3.因人而异，采用不同的交往策略。

针对不同个性特征的交往对象，需要采用不同的交往策略。从教学交往的角度说，不同学习水平的学生，有不同的心理特点与交往需求，如何针对他们的心理特点与交往需求，采用不同的交往策略，是我们必须予以认真思考的问题。在这个问题上，许多一线老师在教学实践中总结出了许多经验，他们的经验，是值得我们学习借鉴的。

（1）优秀学生的特点及教师的交往策略。

优秀学生大部分是德智体全面发展的佼佼者，也有的往往只是学习成绩优秀而其他方面一般。他们的共同特点：情绪稳定，兴趣广泛，内心平衡，富有自尊心、进取心和上进心，学习勤奋刻苦，有较强的求知欲，能自觉地克服学习中的困难，做到知难而进。但由于他们平时听到的多是表扬和赞许，很容易会产生沾沾自喜，爱听表扬受不了批评的情绪，容易产生爱出风头，凡事以我为中心的不良习惯。

根据优秀学生的这些特点，教师在与他们交往时，要注意下面几点：一是要充分利用广博精深的知识、各方面的能力和特长吸引学生，以此取得他们的信任。例如，在为他们解答难题时，教师能为他们提供多样化的方式方法；在回答他们提出的问题时，教师能够旁征博引，从不同角度，富有创造性地予以回答；在对他们进行辅导和指导时，能授给他们各种行之有效的学习方法；在向他们提问时，能提出具有一定挑战性和趣味性的问题，并在他们遇到困难时，引导他们自己找到答案。二是要在学习方面及其他方面向他们提出更高的标准，引导他们正确看待自己的成绩和发现自己的不足。对他们要严格要求，切不可迁就，更要避免不恰当的褒奖。三是要密切关注他们的全面发展，不能以偏概全，以一好代几好。

（2）中等学生的特点及教师的交往策略。

中等学生是指德智体等方面综合状况相对平平的学生，尤其以德智方面的"平庸"为主。一般地说，班级中有一半以上的是中等学生。中等学生大致可以分为四类：第一类是进取型。思想基础较好，有进取精神和上进心，学习勤奋刻苦，只是由于学习方法不当或其他原因才导致成绩平平。第二类是满足型。甘居中游，既不想"冒尖"，又不愿落后垫底，一副与世无争、心安理得的心态。第三类是消极应付型。因多方面的原因无法超越自我，对学习感到迷茫，缺乏自信，有失落感，上进心渐渐消磨，凡事凑合即可，只求过得去就行。第四类是懒惰型。自制力不强，意志薄弱，怕动脑筋，靠碰运气或临时突击求得一时的心理平衡和精神安慰。

由于中等学生既不很差，也不很好，他们在班级中处于不显眼的地位，往往既不会挨老师的批评，也难以得到老师悉心的关照和帮助。对待中等生教师平时要多关注他们，多与他们交往。根据以上不同类型中等学生的不同特点，教师可以采取相应的交往策略：跟第一类学生交往时，要多鼓励，多肯定，通过自己的言谈举止向学生传递适当的期待。对他们的优点多加表扬，以巧妙的方式暗示其学习方法有待于改善。跟第二类学生交往时，教师既要肯定他们的优点，更要适当地给他们施加压力，激发他们上进的欲望。跟第三类学生交往时，教师要注意把握他们的思想动向，了解他们心中的渴望与苦闷等，树立起他们的自信心，使他们不断进步。同时，在课堂教学中，要多给他们创造一些能使他们成功的参与机会，平时多留心他们细微的进步，并及时表扬和肯定。跟第四类学生交往时，教师要设法使他们明确学习目的，帮助他们抵制外界不良因素的干扰，培养他们的自制力和顽强的意志。

（3）后进学生的特点及教师的交往策略。

所谓后进学生主要是指学习成绩差，品德修养也差的学生。后进学生的心理特点是：情绪不稳定，容易紧张焦虑，缺乏自信心和上进心，常常会产生对学习的恐惧心理、应付心理、甚至厌学心理，对教师的批评会产生逆反心理、自卑心理和埋怨心理，对教师的表扬也常常会产生戒备心理。

根据后进学生的心理特点，教师在与他们交往时，尤其要赋予爱心，尤其要注意克制和检点自己的行为。具体地说，教师要做到下面五点：

一是"自制"。在遇到学生不服管教、顶撞、吵闹以及捣蛋等情况时，教师所需要的是冷静、克制，切不可因学生顶撞而发火，或因学生不服管教而立即通知家长到学校；更不要因为学生斗嘴或捣蛋就愤然离开教室，或者对学生加以惩罚。一定要注意自制和忍耐，要如赞科夫所说的那样："在你叫喊之前，先忍耐几秒钟，想一下：你是一位教师。这样会帮助你压抑一下当时就要发作的脾气，转而心平气和地跟你的学生说话"。二是"理解"。对后进生的言行，教师更要善于理解，更要设身处地为学生着想，尤其不要以挑剔的眼光看待学生，不要对后进学生这也看不惯那也不顺眼，动辄加以指责。三是尊重信任。与后进学生交往时，教师一定要尊重他们的人格，尊重他们的权利和义务，尊重他们的意愿和情感，避免对他们进行讽刺、挖苦、训斥、谩骂和体罚，否则将导致师生之间的冲突与对立。同时，教师要信任后进学生，要相信在后进学生各种缺点的背后一定潜藏着许多闪光点，要多给他们创造成功的机会，让他们更多地体验到成功的欢乐。四是肯定评价。根据美国心理学家贝蒙的自我意识的理论观点，肯定评价能使一个人产生肯定的自我知觉，它比说服（或唠叨数落），更比否定的评价更能有效地改变一个人的行为和态度。因此，教师与后进学生交往时，应尽可能多用肯定评价，慎用否定评价，更不能用消极定论性评价。

4. 提高整体素质，注意避免失当的交往方式。

有些教师在教学中常常有意无意地采用一些不适当的交往方式，导致教学交往的失败。下面这则案例能让我们感受到，教师不注意采用适当的交往方式，会对学生造成怎样的伤害，会对师生关系带来怎样的影响。

【案例】老师，你真虚伪

小峰是我班上一名很聪明的男孩子，学习上的理解领悟能力很强，但就是不愿好好读书，不求上进，更可气的是，他总是影响其他同学，自习课上，自己不做作业，却走到别人的位子上去讲话；星期天，总喜欢叫上几个同学到他家打电脑游戏，在班中俨然一个小团体的头目，真是害人不浅。而且，屡教不改，面对你的批评教育，他总是爱理不理，态度恶劣。因此我们每个任课老师都对他极为反感。

为了使他少去影响别人，我又一次把他叫来，跟他长谈了一次，指出了他身上的许多优点，也恳切地希望他改掉缺点，最后，我对他说："老师很喜欢像你这样聪明的孩子，也非常信任你，相信你一定会配合老师的，好吗？"他点头答应。

说实在的，当时我在说这些话的时候，根本是言不由衷的，潜意识里我就在想：你这个样子，哪会改啊？因此，我又一一找到那几个专和小峰打成一片的学生，一一告诫他们：少去和他混在一起，他是个死不要好的人，并一一"警告"他们："再去学他的坏样，看我怎么收拾你们！"同时，在办公室其他老师面前，也依然说着他的种种不是。

几天后，我收到了他的周记本，上面赫然写着："老师，你真虚伪，你是真的相信我吗？……"一个"？"写得特别大，无疑在显示着他对我的怨愤。看到这句话，我的心像被鞭子狠狠地抽了一下，扪心自问，可不是吗？虚伪——是啊，我面对学生说着信任的话，其实在这言不由衷的信任下面，掩盖的还不是一层一捅就破的不信任的薄纸？这时的我，不显然就是一个活脱脱的虚伪的人？

事后，我进行了深深地反省，我想：我该向小峰好好道歉了，这一次，一定要真诚……

言不由衷地肯定、表扬学生，或者对学生表示某种关心和爱，但这种表扬和关爱，并不是出自内心，只是出于某种需要，或者仅仅是一种策略，这种交往态度，即使不能算作虚伪，至少是缺乏真诚的。这种缺乏真诚的交往，也许会赢得学生一时的好感，但一旦被学生识破，对他们心灵上所造成的伤害，则是无法估量的。

教学心理专家指出：除了案例中这种缺乏真诚的交往方式，必须避免的失当的教学交往方式还有很多，常见的有以下一些：

雕塑式：面孔经常如大理石雕塑一般冰冷，威严不可侵犯。这会使学生对老师敬而远之，并导致师生关系的疏远和隔阂。要知道，教师的每一个微笑对于学生来说就是一缕阳光、一股春风。

命令式：只是让学生做什么或不做什么，像上级首长对待下级一样的下达指示。这种命令式，一般带有强迫的性质，而且常常脱离学生实际，因而不能使学生主动、心悦诚服地接受教育，久而久之，则造成学生只会服从不会创新的后果，或者导致学生产生抵触情绪、逆反心理。

偏向式：以自己的感情好恶或某种目的为轴心，对某些学生特别喜欢或厌弃，对特别喜欢者表扬有加，对厌弃者则或漠视，或挑剔。被喜欢者洋洋得意，被厌弃者孤僻寡言，最终都导致他们迷失前进的方向。

嘻哈式：教师不分场合、情境地与学生嘻嘻哈哈，举止不够端庄。

这种把师生之间的"朋友关系"错误地理解成为"哥俩好式关系"的做法，主要见于青年教师。其结果常常损害了教师为人师表的现象，且减弱了教育效果。

机械式：教育或引导学生既缺乏形象生动的晓之以理，也缺乏灵活机智的动之以情，更缺乏风趣、幽默的语言和表情，只知道机械地采用干巴巴的"说教"，导致师生关系处于死硬、呆板的难堪状态。

冷热式：情绪起伏大，并把自己的情绪带入课堂，心情高兴则对学生满腔热忱，心情不顺则拿学生当出气筒。就像一个温度计，把在社会、家庭生活中遇到的酸甜苦辣随心所欲地转化为对学生的冷冷热热，严重影响了师生之间的正常交往。

粗暴式：学生有了疑难或犯了错误，不是耐心地给以适当的教育、引导，而是轻则训斥一通，重则非打即骂。学生的人格受到侮辱，会产生种种消极情绪和错误行为。

挖苦讽刺式：视学习有困难的为学生为"草包""笨蛋"，打心眼里看不起，常常当众讽刺挖苦、贬损奚落，致使被挖苦讽刺的学生自尊心受到严重创伤，在别人面前抬不起头来，心情沮丧，丧失了学习的自信性、积极性。

马虎式：不深入学生实际，对学生的冷暖痛痒漠不关心，凭自己的经验或想当然与学生交往，马虎了事、敷衍塞责，这种交往态度，很难产生积极的交往效果。

失信式：答应学生的事常常置之脑后，对学生的承诺转身就忘，有的教师还把学生出于信任告诉自己的秘密（如恋爱、偷了人家东西或其他难言之隐）公开出去。这种教师很难得到学生的信任，教育、教学工作的效果自然大打折扣。

要避免上述种种失当的交往行为，教师一定要全面提高自己的整体素质。首先，要提高自己的专业理念与师德修养，要像中小学教师专业标准所要求的那样，做到：热爱教育事业，具有职业理想，践行社会主义核心价值体系，履行教师职业道德规范；要热爱学生、尊重学生人格，富有爱心、责任心、耐心和细心；要为人师表，教书育人，自尊自律，以人格魅力和学识魅力教育感染学生，做学生健康成长的指导者和引路人。其次，要用知识武装自己，教师的文化底蕴越丰厚，其视野和思想就开阔，说起话来就会妙语连珠，文字表达也越简约、清晰，品位也越高，在课堂上与学生的交往沟通就越有效果。再次，要培养良好的心理素质，教师的心理素质直接影响沟通效果，特别要注意培养自己具有沉着冷静、自信、幽默的心理素质。另外，还要训练和提高自己创造性思维能力，教师要通过思维训练达到思维的流畅性、应变性、丰富性，并且富有想象力，这可使教师在与学生的交往沟通中应变性强，做到沟通自如。

案例呈现

【案例一】"老师除了课本什么都不懂？"

在北京市东城区某重点中学读高三的杨益飞记得上学期老师讲《中国历史》明、清两章的时候，不少同学准备了问题，基本上都来自平时看的武侠小说或者电视清宫戏，从康熙、宰相刘罗锅到反清复明的天地会，很多问题都想在老师那里得到印证。然而老师在课上不做回答，在课下也回避和学生们讨论，理由是快高考了，这些东西跟考试无关。

"我开始以为老师确实是觉得大家的问题太远了，于是就想跟老师讨论一下袁崇焕，这个人是课本上提到的，考试也有可能考到。"杨益飞于是拿出金庸《碧血剑》后面的《袁崇焕评传》中的一些事例跟老师交流，历史老师却显得很尴尬，然后理直气壮地告诉杨益飞自己没看过这篇文章，还附带说一句，自己从来不看武侠小说。

"可能那些故事老师觉得离课本很远，其实那些故事离我们很近。如果老师能把这些故事和课本联系起来，我们会理解得更深，记得更牢。"杨益飞失望地说。

【案例二】电脑、网络、手机，老师技术上无法与学生"PK"

北京市海淀区北航附中的女学生小曾几乎每天回家都会打开QQ聊天的软件，她很希望能够把自己的数学老师"加成好友"，这样，每天晚上做作业碰到不会的题目，可以随时请教。然而，小曾的数学老师是一个年近50岁的老教师，平时根本不上网，更不要说使用QQ聊天了。

另一名学生说，有一次他们班一个同学在考试的时候利用手机传答案，结果被老师发现了，学生在老师没收手机之前把短信的内容锁定了，然后死也不承认自己传了答案。结果老师怎么也打不开学生手机上的短信功能，只好找来教计算机的老师帮忙，结果还是打不开，最后只好把手机交给了学生的家长。

"即便是不锁短信，同学们的很多语言老师也不明白，酱紫（这样子）、BT（变态）、bf（男朋友）、gf（女朋友），很多老师都不明白是什么意思。"

从北京某重点高中关闭学生论坛，到一些老师的课堂语录被学生放到网络上恶搞，全社会忽然意识到"E"时代中学生们的技术能力和"整蛊精神"。记者发现，当下中学生利用手机和网络恶搞老师的手段很多，可以拍下老师的照片，然后做PS恶意修改；或者把老师的错误或语病放在校友录上，让全班同学嘲笑。还曾经有学生通过老师的手机号码，打开了老师的电子邮箱，竟然找到了期末考试的试题答案。

【案例三】师生观念差距大

北京市海淀区某中学高一年级的徐倩提到一次作文被老师打不及格的经历，因为那次作文中徐倩提到了自己的初恋，徐平时喜欢看岩井俊二的电影，喜欢看郭敬明等80年代后作家的小说，"在我看来，中学的恋爱是可以拿出来说的，因为日本电影里中学生可以谈恋爱，80年代后作家也把他们的恋爱写在小说里。"

然而，徐倩的语文老师给这篇作文的打分很低，还特意找她谈了话，认为初恋这种事情不适合写到作文中，并说徐倩的语言晦涩。于是，徐倩当着老师的面撕掉了作文本，结果被老师认为她个性太强，不好管教，还找到她的家长反映问题。"我本来很喜欢语文，但从那次之后，我真的不想再写作文，不想上语文课。"徐倩说。

【案例四】改变一生的礼物

汤普森太太是一位小学五年级的老师，在她执教的第二年，班上来了一位叫泰迪的学生，她第一眼看到这位学生就不喜欢他。泰迪不但肮脏，头发留得长长的盖住眼睛而且身上还不时散发出一股莫名的臭味。功课呢？总是落后。她试了又试，怎么也不喜欢泰迪，对班上反应快的学生，她尽量鼓励，对于像泰迪这样跟不上的学生，每次批改他作业时，总是用一支大大的红笔，心态乖张的将泰迪的错误，狠狠地划了一圈又一圈。随着时间的过去，红圈圈有增无减，而且圈圈越画越粗。虽然汤普森太太没有直言明讲她厌恶泰迪，但是从其他同学对泰迪的嘲笑和轻视中，却充分反映出老师对泰迪的憎恶。可怜的小泰迪只知道老师不喜欢他，却不明白为什么老师不喜欢他？

汤普森太太不曾花过心思甚至试着去了解泰迪，她只知道自己内心深处潜藏着对这个无人照管、无人理会的小肮脏一份强烈的恨意，这份恨意连她自己都说不出原因。

时间飞快地溜过，转眼已到圣诞节，依照习俗，所有的学生都会准备一份圣诞礼物送给老师。这一天是放假前最后一天上课，班上同学将所有包装好的礼物聚成一堆，放在教室内的一棵小圣诞树下，等待汤普森太太来打开。她每打开一件礼物时，都有无数惊讶、欢喜的尖叫声伴随着！

泰迪的礼物夹在礼物堆的中央，他是用装午饭三明治普通的褐色纸包装起来的，纸袋上画有一棵圣诞树，树上用无数的小红球围绕着，这些小红球又用一些强力黏纸黏起来，上面还写着这是学生泰迪送给汤普森太太的字样。当汤普森太太拿起这纸袋时，顿时全班肃静无声，默默地注视着汤普森太太。她生平第一次感到异常羞愧，所有学生都站立着等她打开礼物。在撕开最后一片黏纸的同时，忽然有两件东西掉落桌上，一是一个缺了几颗细小钻石的人造水晶钻石手镯，另一件是在廉价店买的只剩半瓶的香水。汤普森太太很清晰地听到来自孩童群中细声耳语、窃窃偷笑的声音。

她提不起勇气往泰迪站的方向看去。她勉强地将手镯戴上，挤出一、二滴香水擦在耳后，缓缓地将剩下礼物一一打开。就在此时，下课钟响了起来，她望着学生，道声圣诞快乐，明年见。

泰迪没有马上离开，他等所有学生都离去时，手中捧着几本书，畏畏缩缩地走到汤普森太太身旁，轻轻地说："你身上的香水味就像当年母亲身上的气味一样，她的手镯带在你手腕上真是漂亮，我很高兴你喜欢它。"说完，一溜烟地飞奔出教室。

汤普森太太再也忍不住了，她把自己反锁在教室里，坐下来痛哭了一场，身为老师，在过去的数月里，她故意地剥夺一个幼小孩童所应得的关心和照顾。次年开学，她为了弥补良心上的亏欠，在每天放学后留下来帮泰迪补习功课，直到学期终了。渐渐的泰迪功课赶上班上其他同学，不需要留级重读五年级。但事与愿违，泰迪在新学年开学前要随父亲搬到外洲，所幸汤普森太太认为泰迪的学业成绩已经达到某一个稳定的程度，他已有能力去应付未来任何学科的挑战。

七年后的某一天，汤普森太太收到泰迪的第一封信，信上只有简单一句话："亲爱的汤普森太太，我只是希望让您知道，你是第一个知道我在下个月将以第二名的成绩毕业。"汤普森太太寄了一张贺卡，随卡附上一个小包裹，内附一支铅笔和一支钢笔当礼物。

　　四年后，泰迪的第二封信又来了，信上仍只有简单的两句话："亲爱的汤普森太太，我希望让您第一个知道，大学当局刚通知我，我将以班上总成绩第一名毕业。四年大学不容易念，但我还是念完了。"汤普森太太寄了一张卡片，附带一个衬衣袖口上用的链扣当礼物寄给泰迪。

　　时间飞逝，转眼泰迪的第三封信来了。"亲爱的汤普森太太，我希望您是第一个知道的人。从今天开始，我就是泰迪医生了，您觉得如何？我将在七月二十七日结婚，我想请您来参加我的婚礼，坐在我母亲该坐的地方。我已经没有亲人了，父亲去年离世了。您的学生泰迪上。"汤普森太太手中拿着这封信，半晌不能言语，搜索枯肠不知道该送这位学生医生什么样的礼物？她迫不及待地拿起笔来，立刻写了一封信给泰迪。

　　"亲爱的泰迪，恭喜您，您终于成功了，您的成功完全是靠您自己的努力。尽管您的身边有无数像我和其他未曾悉心照顾您的人，您还是成功了，这成功的一天是属于您的。愿上帝祝福您，当教堂的钟声响起时，我会按时前往参加您的婚礼。老师汤普森太太上。"

（摘选自《心灵鸡汤》）

【案例五】

孩子笑了

庄惠芬

　　我班上"调皮蛋"小丁在"我笑了"的作文中写道："我笑了，因为在六年的学习中，我碰到了一个就如朋友又如妈妈一样的庄老师。爱每一个学生，丑陋的、自卑的由此自尊、奋发；帮助每一个学生，缺少父母的、家庭困难的由此而自强、自立……"一个其貌不扬的教师在学生心中有如此大的魅力。其实，作为一个教师，我为了帮助贫困孩子小朱、小袁，我给孩子买衣买鞋、订报购书，义务为孩子辅导，给孩子信心与勇气；为了家访一个逃学的孩子，我转辗寻找于每一个地方不慎出了车祸，头上缝了整整八针却不顾医生与学校领导的劝阻又站上了讲台。

孩子对我的依恋不仅仅是我对孩子无私的关爱，更重要的是来自于我的数学课堂，用孩子们的话来说：在我们的数学课上，我们非常快乐，老师幽默风趣，我们学的带劲。

师生之间的隔阂，不仅使得一直为人们所珍视的师生情谊黯然失色，也使教学活动失去了宝贵的动力源泉，使学生创造性的发展失去了良好的心理背景。因此，重视师生情感关系，消除师生隔阂，建立民主、理解、合作的师生关系。

教师要学会倾听学生的心声。聆听的过程是学生倾诉思想的过程，是教师了解学生苦乐的过程，也是密切师生关系的过程。首先，教师要关注学生的倾诉。学生喜欢对教师说话是对教师的信任，这很可贵。只要可能，教师千万不要打断学生的话，或者表示厌烦。否则会伤害到学生脆弱的自尊心，甚至拉开教师与学生之间的距离，使得学生关闭心扉，实行自我封闭，这样下去，就会出现师生关系冷漠，学生变得敏感偏激。

学生的倾诉主要有三个目的：一是学生在倾诉过程中，不满的情绪获得充分的宣泄，从而使身心恢复到常态；二是学生的一番倾诉是为了寻求解决问题的良策；三是和教师一起分享自己的快乐和成功。当学生宣泄情绪时，教师要给以关注，耐心倾听；当学生寻求帮助时，教师就要和学生一起商量对策，以便用自己比较丰富的人生经验去指导学生如何解决问题；当学生是同教师一起分享喜悦时，教师要和学生一起去体味快乐，对学生的成就给以肯定。

拓展研讨

1. 雪莱说："微笑，实在是仁爱的象征，快乐的源泉，亲近别人的媒介。"请举例说明教学过程中曾经的感动案例。

2. 请结合所教学科举例阐述怎样架起师生心灵沟通的桥梁。

3. 请从教学交往的角度，分析一位你认为很难沟通的学生的心理特点，并提出切实可行的解决方案。

活育笃行篇

　　教学的艺术不在于传授本领，而在善于激励唤醒和鼓舞。

话题一　课堂教学活动智慧

一、教师智慧引领学生全身心地投入学习活动

当学生能够感受到所学习学科的独特魅力，才能热爱该学科的学习，享受该学科的学习。教师在课堂上显示的生活状态，即对所任学科的把握和浓厚的兴趣，全身心地沉浸该学科的教学，享受该学科的教学，等等，则能彰显该学科的独特魅力，从而对学生产生示范效应和感召作用。

二、以学科特有的方式提出问题、解决问题

有智慧的课堂的教学活动，应该是从"问题"开始的，从某种程度上说，课堂教学应该是一种"问题教学"，无疑——有疑——质疑——释疑，每一个问题的提出和解决都推动着智慧活动的深入，课堂上围绕"问题"展开交流，才能实现真正意义上的对话。学科性质不同，决定了教师必须以学科特有的方式提出问题，以学科特有的方式引领学生解决问题并掌握解决问题的方法。

三、以学科特有的方式开展实践活动

各学科教学都必须坚持让学生在学科实践活动中学习和运用知识。不同的学科，自有不同的实践活动方式，只有坚持学科特有的方式开展学科实践活动，学科教学才能彰显学科特点。

四、融洽师生关系

教学过程实质上是一种交往的过程，是师生作为学习共同体之间，以词语为媒介进行的语言性沟通或语言性活动的具体表现，其意义在于是一种平等意义的对话探究。生本理念主要是来源于人本主义的学习观，学习活动是学习者获得知识、技能和发展智力，探究自己的情感体悟，学会与教师及学习伙伴的交往，阐明自己的价值观和态度，实现自己的发展潜能，达到自我实现的一种学习建构过程。在这个教学过程中，教师要尊重学习者，把学习者视为学习的主体，重视学习者的情感、态度和价值观趋向，最终实现学生个体的自我目标。

师生关系是在教学活动过程中，通过相互交往和彼此影响而逐步形成的特定人际关系。在传统教学中，教师是课堂教学的权威主体，是知识的垄断者和讲授者，学生仅仅是学习的被动接受者和机械模仿者，师生关系是一种示范指令与模仿服从的被动关系。新课程理念下的师生观，强调学生是具有独立人格和个性平等的学习个人，是课堂教学中的天然主体。课程标准明确指出，教师是组织者、引导者和合作者，教师要由教学的主导者转变为教学的导航者、设计者和促进者，由课堂的权威者转变为学生学习创造的激活者、培养者和欣赏者。

师生关系在本质上就是人（师）与人（生）之间的交往与沟通。赞可夫说过，教育工作的效果，很重要的一点是看师生之间的关系如何，课堂教学质量的高低，很大程度上取决于课堂之中以及课堂之外关系的好坏。国际 21 世纪教育委员会的报告《教育——财富蕴藏其中》也指出，师生关系是整个教育教学大厦的基石。《学记》：亲其师则信其道，亲其生则乐其教。从这个意义上来认识，教学活动过程中，教与学的实际效果往往取决于师生之间的关系维度。

首先，应以生为本，要求教育教学活动在以人为本的教育理念下，强调教师以学生为出发点，尤其是在教学活动中，把学生的认知学习、健康成长和全面可持续发展时刻放在心上。同时要求教学活动适应学生身心发展的客观规律，重视学生个体行为的主观意义，强调学生个体行为的主观认知，培养学生创新意识和创新能力。

其次，师生关系应是平等和民主的。平等民主的师生关系是对学生人格的爱护与尊重，真诚的关心与接纳，适度的引导与宽容。在课堂教学活动中，师生应共同创设宽松的心理、情感氛围，教师作为课堂活动中平等的首席，要实现从知识的权威者到平等的参与者的积极转变。倡导教学民主，建立平等的师生关系，教师要尊重学生的人格，每一位教师都有责任爱护和培养学生的探索精神、创新精神，营造崇尚真知、追求真理的氛围，促进学生自主学习、独立思考，为学生禀赋和潜能的充分发展创造宽松的环境。

案例呈现

【案例一】《木兰诗》教学片段

师：你在最初朗读这篇课文时，这篇课文的语言给你留下什么印象？

生1：语言质朴。

生2：朗朗上口、句式整齐、节奏感强。

生3：修辞手法多样。

师：抓住你的阅读初感，重点朗读最能体现你的感觉的句段，反复朗读，体会这样写有什么效果。

在学生诵读的基础上教师通过点拨讨论：采用比读法，通过改变句式、增删修辞的方式重点品读讨论作品中运用的互文、反复、排比等修辞所取得的表达效果；品读作品句型长短相间，使得节奏明快、富有音乐感等特点。

《木兰诗》语言明朗清亮，和谐动听，抑扬顿挫，读起来朗朗上口，富有音乐美。在上述案例中，语言美的感悟，不是靠分析而是靠诵读；诵读要讲究读法。比读法，是品读语言、感悟语言美的有效读法，能引导学生感知言语形式的精妙，领悟某些词句用法上的不可替代，从而培养学生语言的敏感性。本环节采用比读法，能促使学生更好地领悟语言美，感受到语文学科语言文字独特的魅力，感悟木兰这一巾帼英雄的形象美。

在教学过程中，教师从学生的认知规律出发，始终关注学生的阅读感受和言语习得习惯。

【案例二】《狼》教学实录片段

师：同学们，除去课文结尾的"作者评狼"，我们已经将课文的"狼"的故事主体部分分成了四个层次，现在我们能否从"狼"的角度，也就是说换"屠夫"为"狼"做主语，看看怎么概括呢？（学生小声议论）

生1：狼遇屠夫。

生2：狼追屠夫。

生3：狼与屠夫对峙。

师：第一个和第二个，说得不错。第三个，不好，最起码——

生4：最起码这不仅仅是"狼"做主语，而是"狼"和"屠夫"做并列主语了。

师：这位同学，你会如何概括呢？

生4：狼惑屠夫，或者狼迷屠夫。

生5：第四个可以说成"狼死屠夫"。

师：第四个，主动被动仍不明确。"狼杀死屠夫"也可以理解为"屠夫杀死狼"；若是实在难以凑齐四个字，可以稍微改动。

生6：狼毙于屠夫。

师：同学们的确很机智。下面老师想听听同学们讲讲蒲松龄的《狼三则》的其他两个故事，可以吗？

（有两个同学讲了一番，教师发现学生有些没有讲清，于是便补充。

然后继续问）

师：后面的两只狼的故事里面的屠夫的确很机智。一个是以吹豨之法，将狼"吹"死；一个是以肉为钓饵，像钓鱼一样将狼"吊"死。那么，两个屠夫在如此紧急之时，也就是千钧一发之际，竟然能生发出这样的才智，拯救自己于危难之间。同学们，这样及时的智慧，是凭空就产生的吗？（学生纷纷议论）

生7：老师，他们都跟自己的职业有关。我在报纸上曾经看到，以前杀猪的人，就会先在猪脚某处割破然后往猪的皮肤和肉与骨头之间吹气的。

师：你很博学。是的。可见，"急中生智"，这个智慧不可能凭空而来，这个智慧不是无本之木、无源之水。这个智慧来自哪里呢？（学生热烈地议论起来）

师：蒲松龄在他的这三则关于狼的故事的结尾这么说："非屠乌能作此谋也？三事皆出于屠；则屠人之残，杀狼亦可用也。"可见，从"一句话离不开其本行"的这句俗语，我们能够得出这样的共识：爱一行，钻一行，是何其重要！问题的关键就在于，日常生活中的所谓"急中生智"，其所生之"智"，绝非空穴来风，胡乱臆造，而是日常生活所深经历者，方能用之于命悬一线之时，施之于累卵倒悬之刻，从而最终能够化险为夷。哦，我想，对敌如是，学习、工作何尝又不如是！刚刚，大家上课中，就从我们一起归纳的以"屠夫"的视角总结故事内容，又反向而为之，以"狼"的视角再重做归纳。大家的智慧，来得及且有源头，就是靠逆向思维。

这个案例告诉我们，分析文本，解读文本，自然是课堂教学之重点，但是这还不够，还要从文本生发出去，或者提升上去，或者挖掘下去，将"文章"教学到"义理"探讨。而通过用语文学科的方式提出问题，解决问题，就可以使我们的语文课堂出"文"入"道"，由表及里。

学生的生活阅历毕竟有限，教师自然要引领于先。教师对文本的理解有多深刻，他就会引领学生理解得有多深刻。语文的魅力，既在词句辞章之美，又在情节故事之"真"，更在主旨义理之深。上述案例中，教师先是在情节上予以引领，将课文解读引向深入感悟。这无疑是在把握了故事情节之余，又培养了学生的发散思维的能力，既是授人以鱼，又是授人以渔。后来，教师还是没停留在这个别致的设计层面，而是向更深更远处"漫溯"，将"急中生智"来了个细细探讨。这是从文本解读、思维训练，又上升到"义理"探究、拓展到生活追问。

我们常说，生活即语文。也就是将语文的课堂教学延伸到广阔生活。案例中这位教师的引领十分关键。学生在教师的指引下，层层深入，步步愉心。

【案例三】《赛诗会——李白诗品读》过程描述

导入——教师的开场白。

李白生平——教师请学生介绍李白大致生平与主要思想进程。

下面便根据李白诗歌的题材予以了分类，课的流程也按此设计。

送别唱和——《送孟浩然之广陵》《送友人》《赠汪伦》

名山大川——《望庐山瀑布》《望天门山》《登金陵凤凰台》

远行乡思——《静夜思》《春夜洛城闻笛》《渡荆门送别》

孤独抒怀——《月下独酌》《闻王昌龄左迁龙标遥有此寄》《将进酒》

每个环节都是先朗诵，再评析，然后打分。

竞争的方式保证了准备的充分、表现的上乘，保证了每个学生都能做到对李白的名诗不遗漏；朗诵，让学生表演尽情尽兴；赏析，让学生不失于过于表面；专门对一个诗人的作品进行赏读品鉴，既显得课堂诗意盎然，又不至于致使一堂课停留于品读而表现得过于浮光掠影。

最后一个环节，是让学生对自己最喜欢的李白的诗，只选择一首，改写成散文，可以记叙，可以描写，但是要言之有物，不可空洞浮泛。

这次语文活动，不可谓不丰富。关于语文训练的听、说、读、写四个方面，都得到了体现。语文活动课，要充分体现语文味，语文学科的特色要鲜明，语文魅力方可得以体现。而体现语文学科特色，诗词歌赋应该是首选。小说、戏剧、散文要在一节课完成，是有难度的，除非是就某个领域或者环节，比如小说结尾或者开头的艺术，小说主人公的性格变化轨迹，比如戏剧高潮到来的铺垫，比如游记散文的特点，历史文化散文的品析等。诗词诵读，就篇幅而言，比较适中。另外，语文活动课，比如诗词诵读课，不要涉及的面太广。可以以人物为专题，也可以以题材为专题，比如"送别诗赏读""思乡诗赏读"等。还可以以地域为依据，比如"写西湖的诗词诵读""岳阳楼的诗词诵读"等等。

当然，语文活动课，竞赛固然是要设计的，但是不要为了竞赛而竞赛，毕竟我们是为了语文学习，提高的是语文素养。也不要环节过多，而致使每一个环节都太表面化，不能深入下去。

拓展研讨

1. 讲究课堂语言的幽默之美，不仅仅是为了引起学生的学习兴趣，驱除疲劳，保持并不断刺激学生旺盛的学习热情，同时也是为了强化对所学知识的记忆和巩固。你是如何让幽默增添课堂的魅力的？

2. 提问是极有学问和门道的，需要讲究智慧。在课堂教学中，我们常常会遇到自以为巧妙的提问，无法激起学生探究的兴趣，无法引起学生的共鸣。你遇到过类似情况吗？请分析其中的原因。

3.学科实践活动中，学生的组织形式较为散漫，精神也难以那么专注，因此教师在设计方案时，务求内容要充实，方法要得宜。除此之外，学科实践活动的设计还有哪些需要注意的地方呢？

话题二　课堂教学评价智慧

理论导航

一、教学评价是教学过程中的一个重要环节

教学评价的功能之一是为是否需要进行教学调整提供信息的，可以说能否及时监控学生的进步对于学生的发展具有重要作用。有效的教学评价，不仅能够真正确立学生在课堂教学中的主体地位，还能够促进学生在课堂上的积极参与，使得学生充分开展活动，借此营建良好的语文教学氛围和师生互动关系，也只有在这样的课堂氛围中，学生才能更好地进行学习，从而得到更好的发展。

二、把学生的理解放在评价的核心位置

无论是"对学习的评价"还是"为学习而评价"，都要以学生是否"真正的理解"作为其衡量指标，在理解中评价，在评价中理解，重在促进和考查学生对"问题的解决"以及知识的实际运用，在教学中通过一系列的各种形式的评价，来促使学生的知识成为"自己的可用知识"。

使学生达到深刻理解是学校教育的根本目标之一，"为了理解而教"也是当今教育领域的重要议题。

三、改进评价态度，讲究评价语言

教学评价要发挥其促进学生发展的价值功能，最关键的是要关注被评价者接受评价时的心理反应，为此，教师必须以最真诚中肯的态度、最恰当的语言评价学生的学习。

1. 评价的态度：真诚、中肯，充满人文关怀。

课堂教学的变革就是要确立以人为中心的教学观念，运用情意教学，努力创造丰富多彩的教学情境。课堂中的气氛必须是融洽、真诚、开放、相互支持的，作为语文教学全过程的一个重要环节——教学评价，要切实融入"以人为本"的思想，要真诚、中肯，充满人文关怀，关注学生的终身发展。

"真诚评价"贯穿"真实"的学习过程，首先要运用情感原理，在教学过程中构建真情实感的教学评价氛围，注重从情感维度对教学内容和形式进行优化。在对学生的学习表现做出认知反馈的同时，给予情感影响，以充分发挥教学评价在学生内心所产生的积极作用，引导学生进行有真情实感的学习，真真实实地促进他们全面发展。

在教学中实施"真诚评价"，评价要在尊重和信任中发展学生思维。新课程的核心理念是"一切为了每一位学生的发展"。"真诚评价"就是从学生的心理需要出发，给他们提供一切机会，让学生在教师的评价引导下，自我评价，自我强化，获得知识，提升自信，发展个性。教师要根据具体环节、项目、学生的水平等给予恰如其分的评价，同时有选择地组织学生自评和互评，更重要的是还要加强自我评价指导。整个评价过程要求老师倍加尊重、信任学生，对学生充满信心。

"真诚评价"要尊重和信任学生，做到在评价中尊重差异，在评价中培育"真人"，在评价中塑造个性。作为人文性学科的语文，其主体内容是一篇篇体现个性思想、展示个性语言的课文，当然更应该教出个性、学出个性。教师要给全体学生深情的人文关怀，让每个学生都抬起头来看到未来的路，迈出走向未来的每一步！

"真诚评价"在教学中要贯穿全过程，这种评价不单单是凭借学习结果来看待学生，也不是无限制地"表扬""赞美"学生，而是在具体与相对中体现评价的客观性，应依具体学生、具体表现给予评价、表扬。同时，"真诚评价"还要依学生付出努力的不同而有所变化，在评价中激发真、美的情趣，在评价中增强真实美的感受，在评价中激发潜能，在互动与审美中实现教学诸个体的和谐发展，努力达到"思想共振、情感共鸣与教学相长"的美好境界。

2. 评价的语言：讲究说话的艺术，充满教育智慧。

课改背景下的课堂教学评价坚持以人为本，以促进学生人格和谐发展为根本目标，充分发挥评价的导向和激励功能，注重评价方式多元化和科学化，关注学生在学习的过程中表现出来的情感、态度、价值观等，关注成功体验的开放性评价。这就要求教师要有智慧的教育评价方法，用真诚的语言、温和的表情、期待的目光、宽容的态度来激起学生主动参与学习、不断创新的欲望和需求，发现和发展学生多方面的潜能。

评价语应彰显多样的魅力。较之传统的一味地为学生叫好的缺乏激励性、不求实际的"廉价表扬"，教师灵活、生动、丰富的评价语，往往能使学生如沐春雨，让课堂充满勃勃生机。评价语言不局限于有声语言，多样的无声语言有时更具魅力。一个手势，一个眼神，一下抚摸，一次掌声，都会使学生在举手投足间感到亲切，拉近师生间的距离，形成师生心与心的互动，使被评价的学生得到学习成功的满足，提高学习的兴趣，更积极主动地投入学习。

教师的教学评价语言，是教师教学机智、口语技巧、教育智慧的全面展示，是教师文化底蕴、人格魅力、爱生情怀的真实体现。教师对学生的评价语言恰当与否，直接影响学生学习的情趣和学习的效果。

3. 教学中，教师要讲究说话的艺术，使教学评价充满教育智慧。

首先，善于运用赏识和鼓励性的评价语言。赞赏是照在人心灵上的阳光，教师要竭力睁大眼睛寻找学生的闪光点，让每一个学生意识到教师在时时关注着他们的细微进步，并和他们一起分享这种进步带来的快乐。孩子总是朝着成人鼓励的方向发展的。其次，教师要善于运用否定的艺术。在对学生进行真诚赞美的同时，善意的批评也是必不可少的。没有否定的评价，不是完美的评价。尤其是小学生的心智尚不成熟，他们的心灵极易受到伤害，在对学生学习进行否定评价时，教师要善于运用自己巧妙、机智的语言来纠正学生的错误，鼓励学生的回答，注意情绪导向，做到引而不发。再次，教学评价时，教师的语言要充满激情，点燃学生学习的热情。生动丰富的评价语言最大限度地调动了学生学习的主动性、积极性，活跃了课堂的气氛。评价语言要适度。教师的评价要有针对性和代表性，课堂评价要把握时机，简明扼要，评价的次数要适可而止，要评在当评之处。评价语言要诙谐幽默。幽默是生命中不可缺少的维生素。苏霍姆林斯基指出："如果教师缺乏幽默感，就会筑起一道师生互不理解的高墙，教师不理解儿童，儿童也不理解教师。"具有幽默感的教师往往会受到学生欢迎、喜爱。课堂上，教师的幽默能拉近师生的距离，解除尴尬的气氛；课堂中的幽默能令学生对所学知识加深记忆，在课堂中师生能进行更好的情感交流。

四、准确而有个性的评价可让课堂变得精彩丰富

课堂即时评价体现了教师的智慧，课堂即时评价需要教师智慧的厚积薄发。即时评价时教师除了给自己留有余地，还有一个技巧就是把评价的机会让给学生。唱独角戏是课堂教学的一大忌讳，只有老师的评价、没有学生的评价的课堂同样是不精彩、不完整的。那样做的直接后果就是费力不讨好，老师忙得像法官像警察又像保姆，学生却不买账。"你对他的回答有何看法？""他的想法是这样，你是否有不同意见？""你觉得他说得有道理吗？""刚才这位同学的回答，好在哪里？还有什么补充的吗？"……诸如此类的课堂用语，轻轻一抛，绣球就到了孩子手里，需要他们去主动思考、判断和评价。聪明的老师不时地把即时评价的机会交给学生，让学生在评价别人的过程中提高判断能力。课堂评价还应尽可能地成为双向甚至多项的活动，例如老师评价学生、学生评价学生、学生评价老师等多种形式交替进行，民主平等的课堂氛围形成了，课堂便更易被"盘"成一池活水。

课堂即时评价贯穿整堂课，体现着教师的知识素养、思想与口才、即时反映能力和驾驭课堂的水平，是教师智慧的现实体现。"表现是思想的衣裳。"有效独特的即时评价为我们的可持续教学之路埋下了一个个巧妙的伏笔。但它又以即时生成为主,无法精密预设,所以对语文老师提出了更高的要求,需要老师具备处变不乱的自信、融会贯通的学科素养以及厚积薄发的教学机智。

案例呈现

【案例一】窦桂梅老师《晏子使楚》一课上的即时评价

师（使劲儿夸张地拍拍学生的肩）："你怎么这么会读书呢?看你把晏子的心理活动都读出来了。"

师："你的回答就是与众不同,别人想到楚王的无礼、傲慢,你则想到楚王的可爱。了不起!"

师："是我听错了,还是——,我觉得这里应该——"

师："音色也好,读得也顺,这几个字音应该——,不信你自己再读,一定会更好。"

师（有力量地抚摸）："你看,你的朗读、你的认识让我们感受到这么多的快乐。"

师（摸学生的头）:"孩子,你再面不改色地读——,谢谢你的发现。"

至于眼神、手势和其他体态语,窦老师更是灵活自然地加以运用,所以整节课浑然天成,师生和谐自如。正如她所说:"课堂要有温度……我加大声音、动作力度,对学生既有力量的抚摩,也有大幅度夸张的表情。

老师时时有温度，堂堂见温度，才能让孩子有温度。"

妙语连珠是很多老师向往的境界，可我们通常"望名师项背而却步"，总认为他们那样高的即时评价艺术，草根老师们是连皮毛都学不了的。其实不然。加德纳的多元智能理论告诉我们：每个学生都有发展的潜力，只是表现的领域不同而已。如果老师们践行"要帮助每位学生获得成功"的理念，自己的即时评价是可以逐渐变得精彩有效起来的。如在阅读教学中，有些学生习惯于边阅读边圈画批注，老师可趁热打铁："不动笔墨不读书，你们已经养成了和毛主席读书时一样的习惯。"表扬一个，带动一批。而当学生反复阅读后找到了答案，老师说："读书百遍，其义自见。古人的话又再次被你们验证了。"平日教学里，因材施教同样可以在即时评价中充分实施：对那些灵活聪明而草率粗心的学生，应侧重对他们的学习习惯进行评判指点；而对那些反应不快、羞于开口的孩子，应多鼓舞多激励；对能够深思熟虑后再发言的孩子，则要注重评价他思维的方法、广度、深度……在一视同仁的前提下，课堂即时评价宜精不宜粗，宜具体不宜抽象，宜准确不宜大概，宜丰富不宜单调，宜风趣不宜呆板。

【案例二】"电流与电流表的使用"教学片段

师：现在有了电流表，我们就可以继续刚才的探究了。针对串联电路中电流的特点，同学们提出了各种猜想，到底哪一种猜想是正确的呢？我们该如何利用电流表来展开进一步的研究呢？

生：用电流表测量串联电路中的电流大小。

师：串联电路接通后，整个电路处处都有电流，为了便于比较，我们至少需要测电路中几个点的电流？

生：三个点。

师：这三个点取在什么位置比较好？

生：靠近电源正极处、两灯之间、靠近电源负极处。

师：我们能由一组数据得出结论吗？

生：不能。

师：为什么？

生：实验结果可能有偶然性。

师：为了排除偶然性，我们需要再测一次，第二次和第一次相比，需要在原有电路中做什么改变呢？（提醒学生：我们之所以提出不同的猜想，主要是因为选择了不同的灯泡。）

生：换灯泡后再次测量。

师：现在请同学们在已经连接好的串联电路中用电流表测量 a、b、c 三点的电流，将灯泡的代码和测得的电流值填入学案上的表格中，然后换上不同的灯泡再测一组数据并做记录。

学生实验，教师巡视并指导，并请几组同学将实验数据填入黑板上的表格中，实验完毕，学生交流。

师：现在让我们回顾刚才的猜想，根据这几组同学的实验数据，大家认为哪一个猜想是正确的呢？

生：串联电路中电流处处相等。

结论：串联电路中各处的电流相等。

师：尽管组与组之间测得的电流值可能不同，但在同一串联电路中电流却是相等的。可见我们得出的结论是具有一定的普遍性的。

串联电路中的电流究竟有何特点？根据灯泡亮度提出的猜想很不一致，需要用实验数据来说话，要完成这样的任务非电流表出马不可。让学生表达观点必然包括让他们思考自己的学习。策略之一是让学生意识到自己具有的观点与物理学界的观点不一致。理解自己的学习是学生接受科学观点的重要一步。冲突必须有某种特点，就像有学生说"既然电流没有减少，为何还要交电费"这种类似的冲突。光是学生对自己持有的观点不满意还远远不够，如果他的观点要被提出的新观点取而代之，那么新观点必须是可以理解的，有道理的和值得信任的，这个时候，讨论和反思与学生观点对立的观察结果才是最需要的。如果学生没有机会去思考如何理解一个与自己的观点有明显冲突的观察结果，他们就只会把冲突作为一个异常现象而置之不理。

【案例三】《我班的"管家"》作文评改

一位教师在学生完成《我班的"管家"》习作的初稿后，不急于让他们誊写，而是组织学生根据习作要求互相评议修改；学生誊写完之后也不急于要求交给教师，而是让学生再次互相修改评议；然后教师再进行评改；最后集体讲评。如一个学生写自己班班长的文章《我班的"管家"》

的评改过程：

自评：我班的"老虎"就是班长，我写了两件事：一是班长管纪律严，像管家；二是班长对班级工作很细，像管家。语句通顺，写得生动。得"优"。

互评：生1：文章条理清晰，叙述完整，但事情写得不够具体、生动，没有身临其境之感，请在我提示的地方修改。得"良"。

生2：我觉得题目很新颖，事情叙述完整，就是错别字较多，优美词句较少，望及时订正。得"优"。

师评：首先你很会动脑，一是题目新颖，二是文章选材真实可信。其次，写得很有条理，两件事情之间还有过渡句，值得表扬。建议你细细回忆"管家"班长管理时的动作、神态、语言及他人的反应，把这些东西写具体，人物性格就会跃然纸上。得"优"。

作文讲评的过程也是一个不断提高学生写作水平，规范学生个性化语言的过程。上述案例中的作文评价设计改变了以往教师"一刀切"的方式，扩大了评改的宽度，多角度多层面地教给学生作文评价的方法，学生的自评、互评以及教师评、集体评，评价方法组合灵活。前者重点落实训练要求，后者又把欣赏评议融为一体。这样开放讲评的面，既能让学生评议能力得以提高，也有利于学生在审题、选材、谋篇布局、遣词造句等方面博采众长，提升能力。整个教学过程本身就是由一个个评讲（价）环节组成的，两者水乳交融，少了其中一者，教学活动便不完整。这种以评价组成的教学过程能充分激起学生自主探究的兴趣，使学生在互帮互学、友好合作的良好心境中，不时闪现出思维的火花，从而捕捉住灵感，下笔有神，妙笔生辉。这样的评价方式充分体现了"注重培养学生观察、思考、表现、评价能力"的新课程理念。

拓展研讨

1. 教师如何有智慧地对学生进行评价？

2. 这是一个四年级学生写给老师的信："老师，我今天很高兴，因为你终于在我回答完问题后朝我微笑。虽然这可能是你不经意的，但我心里有说不出的喜悦。就在这一次，老师，你清楚地喊想响了我的名字，注意到'我'的存在……我想真诚地对你说一句：老师，谢谢你，喊响每一个同学的名字吧！"试分析这则案例所反映的传统课堂教学评价的弊端。

话题三　关注学生的思维活动与思维质量

什么是思维？思维就是事物的本质属性和内部规律在人脑中的反映，或者说是人脑对感知觉所提供的材料进行"去粗取精、去伪存真、由此及彼、由表及里"的加工，从而间接地反映客观事物的活动过程。人是通过思维而达到理性认识的，所以人一切活动都是建立在思维活动基础上。思维是人类认识世界、改造世界最重要的主观来源，恩格斯把它比作"地球上最美的花朵"。

学习就是学会思维，思维活动是师生课堂活动的核心活动，新型课堂的教学活动的设计和组织，必须充分关注学生在课堂中的思维活动，必须切合本学科的思维特点，提升学生的学习思维能力和质量。

智力的核心是思维能力，实现了思维能力的发展就是实现了智能的发展。对于受教育者来说，理解知识的过程实际是一个发展思维能力的过程，创造和创新的过程实际也就是思维围绕着问题不断深化的过程。

一、关注不同思维类型学生的学习表现

思维是事物的本质属性在人脑中的反映，是主体对信息进行的能动操作，如采集、传递、存储、提取、删除、对比、筛选、判别、排列、分类、变相、转型、整合、表达等。研究表明，每个学生的思维是存在差异的，就课堂表现来看，可以分为超前型、同步型、滞后型和游离型等。

超前型学生的课堂表现为求知欲强，他们的直觉型、知觉型、发散型、逻辑型、创新型思维等都比较强。喜欢听老师讲课，在解决学习问题时能充分有效地发挥智力技巧，解答有条理。这类学生常常得到老师的表扬，他们有较为饱满的学习热情和积极的自我形象。他们往往是课堂上的"主角"。

同步型学生的课堂表现为有较强烈的求知欲，能在教师的引导下按部就班地完成学习任务，但他们的创新型、逻辑型、发散型思维一般，他们的态度和认知易受周围环境或背景的影响往往不易独立地对事物做出判断，而是人云亦云，愿意从他人处获得标准，行为常以社会标准为定向，爱好社交活动。这类学生善于听老师讲解，喜欢与别人讨论等，但在课堂上往往容易被教师忽视。

滞后型学生由于他们的直觉型、知觉型、发散型、逻辑型、创新型思维等相对滞后，所以课堂表现往往是听得较为专心，但是理解能力、接受能力比较差，常常需要教师反复引导，才能完成学习任务。这类学生由于跟不上课堂节奏而容易产生挫败感，学习的积极性不高，动力不够，心理较脆弱。

游离型学生课堂表现主要是游离教学情景，脱离教学进程，疏离师生互动关系，远离师生情感交流，导致学习效率低下。这些学生或者人在课堂心不在课堂；或者人心俱在但是思维没有深度参与，情感没有深度投入，意志没有深度持续。究其原因：一是学习动力不足，课堂观念淡化；二是学习习惯不佳，精力不集中；三是思维惰性明显，不愿用心思考。即使能够随着教学进程去学习，但是主动探究的意愿不强。四是责任意识淡薄，逆反意识明显。

虽然学生的思维差异是客观存在的，也是不可避免的，但是我们依然有必要关注并研究这些不同思维类型学生的课堂表现，在教学活动中，要善于观察不同思维类型学生的课堂表现，有针对性地采取必要的举措和策略，把个性化教学落到实处，从而切实有效地提高语文课堂效率，让每个学生都能在自己原有的基础上得到发展。

那么怎样关注不同思维类型学生的学习表现？首先，课堂上要关注好各种类型的学生，让每一个学生在课堂上都有表达的机会。其次，进行分层设计教学问题，兼顾不同思维类型的学生。再次，优化组合，开展小组合作学习，让学生在合作学习中发挥各自的思维优势。最后，教师恰当的教学评价对学生的学习起着不可忽视的作用。

该怎么做？首先，分层设计，兼顾不同类型思维的学生。其次，优化组合，在小组合作学习中发挥不同类型学生的思维优势。再次，合理评价，正确引导，改变不同思维类型学生的课堂生命状态。

二、聚焦学生学科思维能力提升的教学策略

思维是人脑对外界客观事物的概括的间接反映。思维的类型有很多，根据思维的凭借物和解决问题的方式，可以把思维分为直观动作思维、具体形象思维和抽象逻辑思维。根据思维结论是否有明确的思考步骤和思维过程中意识的清晰程度，可以把思维分为直觉思维和分析思维。研究和实践表明：中小学学生的直觉思维质量普遍较低。

那么何为直觉思维？直觉思维是指未经逐步分析就迅速对问题答案做出合理的猜测、设想或突然领悟的思维，是一种未经严密推理与验证，凭直观迅速"猜度"到问题的精要的心理现象。它具有整体性、跳跃性、敏捷性等特点，是创造性思维中不可缺少的组成部分。语文直觉思维是直觉思维在言语行为中的具体表现，是建立在一定程度的语文言传知识和意会知识基础之上的伴有厚重的经验积淀和相当理性把握的语言直觉感悟，它是对语言文字进行的感知和整体上把握的一种思维能力，其基本内容包括直觉的判断、直觉的想象、直觉的启发三个方面。

三、建构"身心一体"的学习课堂

传统教学把思维仅仅看作是大脑的活动，把学习窄化为一种认知活动，窄化为"颈部以上"发生的行为，把学生身体语言的表达排斥于课堂教学之外。在传统课堂上，学生的身体活动受到种种束缚和禁锢，他们的思维活动因而大打折扣。要构建新型课堂，必须改变这种"祛身化"的教学倾向，把学生的身体彻底解放出来，实行"身心一体"的学习。

"身心一体"是一个哲学概念。"心"是指生命意向，是我们行动的意愿，是我们不可遏止的、永远冲动着的生命意志。"身"是指生命意向的体现，一种作为心的生命意向的具体体现之身。而"身心一体"是身体与精神的同构。

陶行知先生曾说教育要给孩子六大解放："解放他的头脑，解放他的双手，解放他的眼睛，解放他的嘴，解放他的空间，解放他的时间。"建构"身心一体"的学习课堂就是指课堂应该解放学生的头脑，使他们能大胆地想；解放学生的双手，使他们能大胆地干；解放学生的眼睛，使他们学会观察，善于观察；解放学生的嘴，使他们能大胆讲，大胆问；解放学生学习的空间，使他们能到大自然、大社会里去获取知识，扩大眼界，激发创造灵感；解放学生的时间，使他们有时间消化所学知识，有时间学他们爱学、干他们爱干的事。让学生做课堂的主人，动口、动手、动脑，亲身参与课堂和实践，教师在教学活动中应主动参与，积极引导，充分发挥教师的主导作用，真正地把学生解放出来，使学生真正成为课堂上的主人。

"身心一体"的课堂还指课堂上师生之间有着良好的情绪体验，积极的教和学的态度。它是指师生之间和生生之间围绕教学目标展开的教与学的活动而形成的某种占优势的综合的心理状态。建构"身心一体"

的学习课堂，教师应该在课堂中努力营造良好的教与学的氛围，创设宽松的教与学的情境，给学生和教师本身带来一种愉悦的学与教的情绪。

案例呈现

【**案例一**】《厄运打不垮的信念》教学过程描述

教师让学生读课文第二自然段，一边读一边体会自己的心情，结合文中有关词句写写自己此刻的心情。五分钟后交流，除了极个别学生能准确地结合文本内容写出恰当的心情，其他学生要么不知所云，要么只会简单重复文本内容。这时，老师就根据极少数学生的回答小结：这一段文字，我们读后产生了许多深切的感受，就让我们将所有的感受都投入到动情的朗读中去吧。

【**案例二**】声母"d、t"教学过程描述

老师出示拼音卡片和生字卡片，通过学生齐读的方式复习了上节课学的音节 ba、ma 和生字"爸、妈、我"，然后叫学生观察书上插图，从擂鼓的"咚咚"声引入声母"d"的教学。还没开始教，已经有学生站起来："老师，我知道，这是 6 字反写 ddd。"教师批评道："谁让你插嘴的？坐下！跟着老师读。"老师先教读，然后讲发音方法，再指导学生个别读，齐读，开火车读。声母读熟后让学生拼读音节"da、du、di"，读了一阵后叫学生观察"d"的样子，在书上描红。接下来用同样

的方法教学"t"。教师按部就班地教，不厌其烦地讲，非常辛苦。那个早就学会的孩子低着头自顾自地玩。其他会的学生"你讲你的，我做我的"，课中老师进行了好几次组织教学。

不同思维类型（超前型、同步型、滞后型、游离型）的学生，课堂上有不同的行为表现，会产生不同的学习疑难和问题，教师在教学活动中，要善于观察不同思维类型学生的课堂表现，有针对性地采取必要的举措和策略，把个性化教学落到实处。

【案例三】《日月潭的传说》教学过程描述

课文第四自然段有这样一句话——"他们翻山越岭，披荆斩棘，吃尽了千辛万苦，终于从阿里山的山洞里拿到了金斧头和金剪刀。"这句话介绍了大尖哥和水社姐拿到金斧头和金剪刀的艰辛。在教学这一内容时，主要让学生理解"翻山越岭""披荆斩棘""千辛万苦"这三个词的含义。

有位教师分三个步骤进行：

1. 思考：大尖哥和水社姐是如何拿到金斧头和金剪刀的？

2. 展开想象：他们吃什么？住什么？遇见灌木怎样？遇见野兽怎样？

3. 让学生把书上的句子与去掉三个重点词的句子进行比较，体会意思有什么不同。

苏霍姆林斯基曾说，每一个学生都是具体的。在传统教学中，"一刀切"的教学要求无视学生的个性差异和思维差异，新课程则以人为本，

131

强调学生是学习的主体，因此课堂提问应兼顾到每个学生。

正所谓深者得之深，浅者得之浅，这就要求我们要关注不同层次学生的发展需求。上述案例中的教师分层设计，把第一个问题抛给了滞后型学生，学生在书上很容易就能找到答案，"他们翻山越岭，披荆斩棘，吃尽了千辛万苦"。接着，在此基础上展开想象：他们吃什么？住什么？遇见灌木怎样？遇见野兽怎样？这些问题是对三个重点词的深入体会，学生都有自己的想法，能在所能及的领域内进行思考，因此不同思维类型的学生都可提问，只是回答的精彩程度不同。最后，让学生把书上的句子与去掉三个重点词的句子进行比较，体会意思有什么不同。这个问题有难度，可让超前型学生来谈谈体会,但同时鼓励同步型学生积极思考。这样，不同思维类型的学生都关注到了，真正实现了每个学生都有所发展。分层设计问题，能使每个学生都在自己原有的基础上得到发展，增强学习的信心，养成积极的学习习惯。特别是对一些滞后型学生，更能消除自卑心理，体会成功的快乐。

【案例四】《永远的白衣战士》教学过程描述

阅读4—7自然段时，教师让学生自主阅读，用"——"画出直接描写护士长叶欣行动或语言的句子，思考"你从中体会到了什么？"学生独立阅读思考后,教师又组织学生在四人小组之间展开讨论,交流阅读收获,并完成表格。

小组合作记录表			
课题	永远的白衣战士	合作内容	研读课文,从描写有关叶欣言行的语句中感受她的崇高品质
合作者	组长:	记录员:	汇报员:
研究过程	有关叶欣言行描写的语句	你从中体会到了什么?	组员表现

以下是一个四人小组的探讨实录:

小彬(该生为小组中的超前型学生):我先来!我找到的句子是"这里危险,让我来吧!"从叶欣的这句话中可以看出她把危险留给了自己,把安全带给了别人,从这件事可以看出叶欣具有——舍己为人的品质。(另两个学生抢着接上话头,三人齐说。)

小杰(此为记录员,同步型学生,他边记边说):而且叶欣的语气是"斩钉截铁"的,这也可以看出她的决心很大。

小俊(组长):还有还有!"劳累了一上午,连水都没喝一口"这句话,反映了叶欣很忙。"从2月8日便开始加班,忙的时候甚至拒绝接听家人的电话。"读了这句话,我觉得,在叶欣的心里病人比亲人更重要。

小彬:不对!不是病人比亲人更重要,而是她实在太忙了,不想因为接听电话而耽误抢救病人的工作,她把工作放在第一了。

小杰：哎呀，你们慢点说，我来不及记了，是因为工作太忙，叶欣怎么会不接家人的电话呢？

小彬：第七自然段中说"虽然上班前她就感到身体疲倦不适，但还是坚持在科室里忙碌着，密切关注着每一个患者的病情。"叶欣一定是想：如果她休息，那她的同事们就有可能染上非典，这样会有更多人死亡，还是让自己多干些，让同事们尽量少接触病人吧！小娟，该轮到你来说说体会了。

小娟（支支吾吾）：我画出了"心甘情愿"，她不怕累。

小彬：这样说也行，但我觉得"心甘情愿"这个词更多地反映了叶欣舍己为人的品质，她有一种可贵的牺牲精神。现在你听我读这句话——"两小时过去了，患者终于脱离了危险。"你从中体会到了什么？

小娟：我觉得这句话反映了救一个患者是很难的。

课堂上存在着不同思维类型的学生，在班级授课制的形势下，教师要让每一个不同思维类型的学生都能充分表达是有困难的。小组合作学习很好地解决了这个问题。怎样进行有效的小组合作学习？首先，教师要合理分组，根据学生的个性、能力、习惯、成绩等综合情况进行合理调配，大致使四人学习小组体现出"一超前二同步一滞后（或游离）"的结构。

本案例中的四名小组成员，从各自在合作交流中的表现来看，他们并不在同一个层次上，小彬最出色，他不仅感悟深刻、有主见，还会主动引导其他成员进行思考；小俊次之，内向细心，能尽心做好组织工作；小杰再次，但能积极思考、及时补充、认真记录；小娟是滞后型，有时游离于课堂之外，感悟比较浅，不自信，但在同伴的帮助提醒下也能独立思考，努力参与进来。合作伙伴的差异，使得彼此间展开的合作活动有了更大的互助性，不同类型的学生组合在一起，他们各自的长处或优势可以经过相互碰撞而互为补充，从而在完成共同学习任务的过程中互相启发、互相补充、互相碰撞，有效实现共同提高。

【案例五】《程门立雪》教学过程描述

教师让学生给"尊"字组词，一个学生说：尊，尊敬的"尊"。第二个学生说：尊，尊守的"尊"。众生哄堂大笑。教师神情自若，微笑着说："他没有错，他还没把话说完呢！"教师望着该生，学生顿时领悟：遵守的"遵"，去掉走字旁，就是尊敬的"尊"。教师面对刚才笑的学生，风趣地说："你们刚才笑得太早啦！"此时，该生快乐地坐了下去。

【案例六】《掌声》教学过程描述

有一位教师教学《掌声》时，让学生联系生活说说自己的掌声故事。一个平时很内向的学生站起来开始讲述，他讲得很认真，很吃力。这时，教室里响起了掌声。老师和孩子们都很激动。老师俯下身子问男孩："你知道，同学们的掌声在对你说什么吗？"男孩闪着泪花说："是对我热情的鼓励，让我胆大些，别害怕！""你听懂了大家的掌声！"老师转向大家，"在他需要的时候，大家及时地献上了自己的掌声！这真是令人难忘的掌声！"

由于学生的思维存在差异，因而学生的课堂表现不尽相同。因此，教师应该设计不同层次学生的教学评价来准确地了解教学效果，了解教学目标的达成情况，及时调整教学过程，改进教学方法。对于不同思维类型的学生，教师应该采用不同方式的教学评价，使不同层次的学生都能看到自己的进步以及存在的不足，从而有利于激发学生的学习兴趣，增强学生的学习信心。

拓展研讨

　　1.由于思维的复杂性，同一思维类型的学生的思维特点也是不同的，我们在教学活动中该如何关注？

　　2.在关注不同思维类型学生的思维表现的同时，如何对他们进行合理的教学评价？

话题四　指导学生提升学习能力的智慧

新课程特别强调学生的自主学习，学生的自主学习能力，直接影响课堂教学的质量，直接影响学生的发展。新课程所倡导的学生自主学习，应该是在教师有效指导之下的自主学习，这就要求教师在教学中不但要考虑如何教，更要考虑学生如何学，要根据学生的学习特点、学习需求来安排教学、指导学生学习。从某种程度上说，有效指导学生学习是有效教学的一个重要追求，是衡量教学是否有效的一个重要标准，也是实施有效课堂的一个重要途径，因此，也是教师是必须具备的一项专业能力。

▮▮▮ 理论导航

叶圣陶先生曾经明确指出："先生的责任不在教，而在教学，教学生学。"教会学生学习，是学校教育工作的一项最基本的任务，也是教师最重要的职责。在教学活动中，教师不仅要研究教学过程和教学方法，还要研究学生的学习过程和方法。教师是学生学习的促进者、指导者，这是新时代教师最明显、最直接、最富时代性的角色特征，是教师角色特征中的核心特征。

把指导学生学习作为教师教学工作的一项重要任务，其理论依据主要是建构主义学习理论和多元智能学习理论。

建构主义学习理论认为，知识主要不是通过教师的传授得到，而是学习者在一定的情境即社会文化背景下，借助他人（包括教师和学习伙伴）的帮助，利用必要的资料，通过意义建构的方式获得。建构主义所倡导的课堂教学，是在教师的指导下，以学习者为中心的教学，也就是说，既强调学习者的认知主体作用，又不忽视教师的指导作用，教师是学生意义建构的指导者、帮助者、促进者，而不仅仅是知识的传授者，学生是知识意义的主动建构者，而不是被动的接受者。

多元智能学习理论认为，每个学习个体的学习过程都表现出不同的智能特点和智能组合，人类智能的多元性和展示智能方式的多样性，使得每个人的智能状态及积极主动学习的能力、愿望各不相同，每一个学生都会以不同的方式进行学习。因此，教师在教学中必须重视每一个学生学习的实际情况，给予有针对性的指导和帮助，使每一个学生都能以优势智能带动自身的全面发展。

有效教学十分强调教师指导下的学生自主学习，认为在学生自主学习过程中，给予学生充分自主权的同时，教师也不能放弃适当的指导。这是因为，一方面教师的指导是有效课堂教学不可或缺的要件；另一方面，无论学生的自主学习能力有多高，总还是有所不足、有所缺陷，还有进一步改善、提高的余地和必要。教师在学生自主学习过程中给予有效指导，首先，必须注意对不同年龄、不同学段的学生采用不同的指导方式。因为学生自我意识与自主学习能力的发展水平是随年龄的增长而增长的，因此教师所采取的指导方式也应有所不同。其次，教师要使用各种灵活的手段指导学生自主学习，不仅要重视发现学习，也不能忽视接受学习，新课程实施以来，由于种种原因，有些老师对接受学习过多地指责甚至彻底否定，认为它是刻板、无效、乏味的代名词，这种认识是片面的。在有效教学的基本理论看来，发现学习固然重要，接受学习也不可忽视，接受学习同样可以是主动学习，也可以是自主学习的一种方式，也需要教师予以有效指导。再次，对学生的学习指导，不仅要指导学生进行个别学习，还要指导学生进行集体学习。这是因为，课堂教学中的学生自主学习，不同于"自学"，也应该是一种集体学习，教师在教学中，除了针对学生的个体特点进行个别指导，还应该通过小组讨论、合作学习等方式，指导学生开展有效的集体学习，促使学生能够学会如何与他人相处、合作，如何向他人求助，如何吸取他人的长处，从而从根本上提高学习能力。

教师要担当起有效指导学生学习的重任，首先必须改变自己的教学观念，树立正确的教学观、学生观。教师必须明确，有效教学过程是教学中各种要素（包括教师、学生、教学内容、教学媒体等）相互联系、协调统一发展的过程，其中，教师和学生、教与学这两个要素之间的相互协调、共同发展是有效教学最根本的追求。教师还必须明确，在学生的成长过程中，其自身的学习努力是内因，教师的作用是外因，教师既不能代替学生成长，也不能拔苗助长，而是要遵循学生的认知规律，努力为他们创造发挥潜能的条件，切实有效地指导和帮助他们掌握学习规律，习得学习方法，提高学习能力。其次，要努力转变自己的角色，变知识的传递者为学生学习的指导者、引领者、合作者，努力在与学生的相互作用中促进学生的学习。再次，必须改变自己的教学方法，变革教学的组织形式。在教学方法上，要变传统的"灌输式"教学为启发式教学，加强对学生的学习指导，激发学生的学习积极性与主动性，促使学生的学习由被动式转变为主动式；在教学的组织形式方面，要努力实施有效的合作学习、自主学习等方式，通过师生互动、生生互动等多种形式的有机结合，促进学生有效发展。

学习指导涉及的范围较广，包括对学生学习观、学习态度、学习习惯的指导，也包括对学生学习动机、学习目的的指导，还包括学科学习规律和学习策略的指导等。我们以为，其中最关键、最重要的是学习策略的指导。大量实验研究结果表明，指导学生掌握学习策略是提高教学质量的有效保障。对学生来讲，通过学习策略指导，可以大面积改进学生的学习状况、提高学习效率；对教师来讲，通过学习策略指导可以更有效地提高教师的教学能力和水平。因此，本话题我们着重讨论的是如何对学生进行学习策略的指导。

一、明确学习策略指导的主要内容

学习策略有多种类型。根据学习策略所包含的成分，目前中小学生最需掌握的是元认知策略和认知策略两种。

1.元认知策略。

所谓元认知，就是对认知的认知，即个体对自己认知过程和结果的意识和控制，它对各种认知活动具有普遍的指导意义。所谓元认知策略，指的是个体有意识地运用元认知知识去计划、监控、调节及评估认知活动。元认知策略是调节、控制认知活动的重要因素，是成功地计划、监控和评估学习活动的必备条件，对学习活动的顺利完成起着重要的作用。因此，通过元认知学习策略的指导，可以使学生进一步认识自己的学习方式是否有效，提高学习反思能力、自我监控能力和自我调节能力，从而进一步改进学习方式，提高学习效率。

为提高学生的元认知学习策略，教学中教师可以在以下几个方面加强指导：

（1）计划策略。

凡事预则立，不预则废。在学业上是否有所收获、有所成就，制订切实有效的学习计划十分重要。尤其是在自主学习过程中，有没有切实可行的学习计划，会直接影响自主学习的质量和效果。教师在教学过程中，要根据教材内容、课时计划以及学生的实际情况，提出具体的要求，指导学生制订出可行的、符合自己实际的学习计划。

指导学生制订学习计划，要注意以下几点：

一是所制订的计划要符合自己的实际水平。因为一旦脱离了实际，实行起来就会困难重重，只能把该计划束之高阁。

二是制订计划前一定要明确学习目标与任务。这样，学生才能够根据实际情况制订出为达成学习目标的计划。

三是学习计划一定要具体。所制订的学习计划，应当让学习者明确，在什么时间，为了达到什么目的，该做些什么，以及该怎样做。

（2）调控策略。

调控策略主要是指学生在学习过程中，将自己正在进行的学习理解活动作为意识对象，不断地对其进行积极、自觉的监视、评估、控制和调节，据此对自己的学习做出有效的修正或调整。调控策略的指导，应主要在以下两个方面多下功夫：

其一，促进学生学习时专心一致。为了促进学生学习过程中能够心无旁骛、专心一致，教师可以让学生在学习过程中积极进行"出声思维"，即在解决问题过程中，用语言把自己的思维过程表述出来；还可以让学生在学习过程中积极进行"自我发问"，即在思考问题的整个过程中，自己向自己追问一系列问题，以引导自己进行有序思考。

其二，培养、提高学生的领会监控能力。所谓领会监控，主要是指学生对自己是否真正理解、领会所学习的内容进行监控。根据目前中小学学生的实际情况，一些专家建议可以使用以下策略以提高领会监控能力：一是变化阅读教材的速度。即根据教材的特点和自己的领会能力，及时调整阅读的速度，对于比较简单、比较容易理解的内容，可以读得快一点儿，对于比较复杂、难理解的内容可以读得慢一点儿，甚至可以反复多读几遍。二是终止判断。如果遇到某些内容不太理解，应保留疑问继续学习下去，学生可能会在随后的学习中填补这一空缺，或者在后面的学习中发现有对前面所学内容的补充说明。三是猜测。当对所学内容一时不理解、不领会时，要勇于猜测你所不懂的内容的含义，并且继续学习下去，利用后面的内容来判断先前的猜测是否正确。

（3）评估策略。

评估策略是一种重要的元认知策略。所谓评估策略主要是指学习者对自己的学习过程及学习结果进行恰当的评估，并根据实际情况对自己的学习计划、学习策略等进行适当的调整。指导学生掌握和应用评估策略的主要目的，是帮助他们获得一种对学习进行自我评价和反思的能力。指导学生掌握和应用评估策略，一是要引导他们在学习过程中不但要注重自我评价，而且要从多方面进行自我评价。二是要指导他们掌握最常用的自我评估方式。对于中小学学生来说，比较适合他们的评估方式有记学习日记、写学习随笔，即教学过程中或学习结束以后，教师可以让学生把学习过程中的所感、所悟以及成功或失败之处，或学习过程中的困惑，甚至与教师同学所持观点的分歧等等，用日记、随笔的形式记录下来。实践证明，这于提高学生的反思意识，养成反思习惯，进而提升学习理解能力是很有意义的。"自我质疑"，也是自我评估的好方式。教师可以引导学生养成自我质疑的好习惯，例如：我知道这堂课做了些什么吗？我对老师布置的作业要求清楚吗？我这样做是否正确，还有没有比这更好的方法？其他同学有哪些更好的方法值得我学习？这堂课的学习，我是否达到了既定的学习目标？我该如何发现学习中的不足并及时加以纠正？等等。进行这样的自我质疑，能使学生逐步形成自我控制、自我检查的能力。

2. 认知策略。

认知策略是学习者处理内部世界的能力，是学习者加工信息的方法和技术，其基本功能有两个方面：一是对信息进行有效的加工与整理；二是对信息进行分门别类的系统储存。认知策略是学生为了完成具体的认知学习任务而采取的步骤和方法，其对于学生学习的重要作用不言而喻。

认知策略涉及的范围很广，主要有以下三种类型：

（1）复述策略。

复述策略是指在学习中为了保持、储存信息，运用内部语言在大脑中重现学习材料或刺激，以便在学习中把注意力维持在学习材料上并将学习材料保持在短时记忆之中。学生在学习过程中的重复、抄写、做记录、画线等，都属于复述策略。学科教学中，教师要指导学生运用复述策略有效地开展自主学习，例如教师可以要求学生按照一定的顺序复述一系列内容的名称，如历史教学中要求学生按年代先后说出美国历届总统的姓名，地理教学中要求学生按地理位置说出我国各个省的省名及省会城市名，等等，以此来提升学生运用复述策略的能力。

（2）精加工策略。

所谓精加工策略，是指把新信息与头脑中的旧信息联系起来从而增加新信息意义的深层加工策略，是寻求字面意义背后的深层意义的策略。它常被描述成一种理解记忆的策略，其要旨在于建立信息间的联系。深加工策略的具体表现形式有想象、口述、总结、做笔记、类比、答疑（自我提问）等等。心理学专家指出：如果精加工策略与复述策略配合使用，可以更有效地提高记忆效果。

（3）组织策略。

组织策略是将经过精加工提炼出来的知识点加以构造，形成知识结构的更高水平的信息加工策略。精加工策略主要解决新旧知识之间的联系，但不解决所学新知识之间的内在联系，不能使所学的新知识相互联系，结合成一个整体，形成合理的认知结构。组织策略的作用正在于帮助学生构建起学习内容各知识点之间的内在联系，从而更深刻地理解所学知识。

学生在学习过程中，最常使用的组织策略有以下一些：

其一，按照组织方法的不同，可分为聚类和概括两大类。

聚类组织法也称"归类法"，是学生在学习知识过程中最常使用也最有效的一种组织策略。概括组织法以摒弃细节、提取要义的方式组织信息，它是一种十分重要的组织策略，历来受到人们的重视。

其二，根据提炼信息方式的不同，可以分为纲要法和网络法两大类。

纲要法是一种提取材料要义、组织纲目要点的学习策略。学生在学习过程中，只要抓住了学习材料的纲目要点，整个材料也就了然于胸了；反过来说，如果能把学习材料整理出纲目，那就说明已经从整体上理解了学习内容。

二、进行学习策略指导需注意的问题

为了有效地对学生进行学习策略指导，教师在教学中应注意以下一些问题：

1.要注意策略选用的适切性。

首先，要注意所选用的策略要适切不同年龄、不同个性、不同认知水平的个体。因为学习策略因学习者认知水平的不同会表现出不同的现实存在形态，例如，同样是记忆策略，小学低年级、小学高年级和中学

生在具体运用时，会在策略内涵、策略理解、策略运用及相关体验与迁移等方面表现出较大的差异。因此，在学习策略指导中，要引导学生在选择学习策略时，应充分考虑到自身的认知实际，并结合对自己真实情境中思与行的洞察，选择最适合自己的策略。例如，同样是记忆背诵，小学低年级学生主要是利用材料的合辙押韵、朗朗上口来记诵，小学高年级学生或者中学生，则主要依靠对记诵材料的深度加工，通过意义联想或者表象赋值等方法来记忆。

其次，要注意所选用的学习策略适切学习内容和学习任务。在学习策略指导过程中，要让学生明白，只有当学习内容与学习任务与特定的策略有内在的切合性，策略的使用才有效；要让学生明白，并不是拥有策略就能准确有效地使用策略，不同的学习策略成分具有不同的最佳适用范围，一定要在合适的时候对合适的内容运用最合适的策略，才能收到最理想的效果。

2. 注重策略学习的体验性特点，让学生在大量的实践活动中学习和掌握学习策略。

单凭教师的讲解、介绍，是不可能把学习策略传授给学生的，学习策略指导必须经过大量的学习实践活动，才能让学生把策略性知识作为一种概括化能力得到迁移，必须让学生通过尝试、应用而获得关于具体策略的情感、价值、态度等方面的认同，学生才能在具体的学习情境中有效地运用学习策略解决实际问题。

3. 注重促进学生的学习策略迁移。

学生能否产生学习策略的迁移，是衡量学习策略指导是否有效的重要标准。如何促进学生产生策略迁移呢？一些专家提出了不少建议，这些建议无疑是具有十分重要的指导意义的。

其一，提供足够的练习与反馈。专家们认为：学习的调节与控制是否自动化，学习策略的使用是否熟练，是学习策略能否持续有效和迁移的重要条件。为此，很有必要在教学活动中为学生提供足够的策略学习的训练，使之达到策略运用的自动化程度。此外，在学生运用策略进行学习的过程中，及时提供他们学习成功的反馈，可以促使学习者认识到策略运用的有效性，从而增加其运用策略的自觉性；及时向学生提供学习失败的反馈，可以让他们意识到自身使用策略的缺陷，从而促使他们改进自己的学习策略。

其二，鼓励学生在不同的学习情境中运用学习策略。学习策略是在大量的学习实践活动中习得的，因此，教师要尽可能多地创造各种条件与机会，鼓励和指导学生在各种新情境中练习、运用学过的策略，学生在实践中获得的学习策略才能在实践中得到迁移。

其三，引导学习者评价运用策略的有效性。研究和实践表明，仅仅让学生记住学习策略的相关知识，并不能有效改变他们的学习，只有当学习者有改进自己学习的强烈要求，并明确到策略训练的有效性，教师的学习策略指导才能内化为学生自己的策略，学生才会在学习中经常使用学习策略，学习策略才得以迁移。为此，教师在学习策略指导过程中，要经常引导学生评价策略运用的有效性价值，从而增强运用策略的动机。

案例呈现

【案例】《陈涉世家》教学片段

释解课文第二段。要求学生用现代汉语翻译课文后，讨论本段中哪些文言实词值得注意。在学生讨论过程中，教师出示"適戍"二字，先讨论这两个字的释义，学生回答："適通'谪'；戍，防守。適戍，就是'强迫去防守'。"教师提示："戍，许多同学常常会写错。它很容易与哪个字搞混？"学生回答："很容易写成'戊'，也很容易写成'戌'。"教师出示这三个字，请同学们辨析这三个字的差别，并结合词义，考虑这三个字为什么要这么写。通过讨论，学生明确："戍"是个会意字，由"人"与"戈"组成，"人"扛着"戈"，表示"防守"的意思。所以，这个字不能写成"戊""戌"，因为这两个字的本义都是古代的一种武器，是象形文字的变体，在字形上与"人"无关。最后，教师小结说：刚才我们采用"求异联想法"，辨析了几个常用字的字形。求异联想在记忆策略中属于"联想记忆策略"，我们在以后的学习中可以经常采用，以熟练地运用这一策略解决学习问题。

案例中的执教者，对学生进行了有效的学习策略指导，但他没有在什么是求异联想、求异联想有什么作用，怎样运用求异联想等理论上做文章，而是让学生在实践活动中去体会这一学习策略。经过多次这样的实践活动训练，学生自然会体会到什么是求异联想，自然会熟练地掌握、运用这一学习策略。

拓展研讨

1.语文老师常常发现，学生往往把"赖"的左边写成"束"，右边写成"页"；还常常会把"膏"字中间的"口"漏掉，你如何指导学生相关的学习策略来识记它们的字形？

2.概念和定理的学习通常经过形成与推导、理解与识记、巩固与应用的过程，其中巩固与应用是概念和定理学习的重要环节。这既是对概念理解的深入，同时也体现了学科学习的价值。请你选择一个定理的应用，就如何引导学生掌握定理应用策略，谈谈你的做法和思考。

3.质疑，是重要的学习策略之一，质疑的方法很多，如课的标题处质疑、重要的知识点处质疑、理论联系实际质疑、两难处质疑等。请根据你的实践经验，结合学科教学特点，列举两三种符合学生学习特点的质疑方法，并简要阐述。

活学慧思篇

————————

　　教师是知识的传授者，是课程的实施者。教学反思是提升教师专业素质的必由之路。教学反思有利于促进教师专业化成长，教学反思有利于教学质量的提高。如何进行教学反思是每个教师应该思考的问题。要反思教学设计，反思课堂效果，反思教学策略，反思教学得失，反思学生评价。教学反思是教师走向成功的起点。

话题一　充满智慧的教育理念

教学反思对提高课堂教学质量，加快教师的专业成长有非常重要的作用。一个优秀的教师，一个充满智慧的教师，应该是一位善于反思的教师。

理论导航

教学反思，即教师自觉地以自己的教育实践为思考对象，对自己所作出的行动、决策以及由此产生的结果进行审视、分析和总结。换言之，反思即指教师对自己行为以及由此产生的结果进行的剖析、解读的过程，其本质是一种理论和实践之间的沟通，它反映一个人对其身心状况的认知。反思不仅是个人思想的需要，而且是一种高尚的精神活动，是精神产品的再生产。它包括引起思维的怀疑、困惑及心智上的困顿，还包括寻找、搜索和探索活动，求得解决疑难、处理困惑的方法。

"教师是否愿意花时间反思自己的工作，是教师是否具有专业素养的标志。没有最好，只有更好。学海无涯，艺无止境。教师的专业追求、探索、提升都要靠不断的反思。教师要学会在言说和行动中思考，在反思批判中成长。"此话很精辟地道出了反思对于教师专业能力发展的价值和意义。

长期以来，在教师知识的获得途径中，较为重视外在的教育进修和学习，重视所教学科的专业知识（本体性知识）和教育理论知识（条件性知识），而忽视了教师在实践中的内省性知识和经验。20 世纪 80 年代以来，人们逐渐了解到隐藏在教师身上的，在教育实践和生活中获得的经验知识，主张在教师教育和课程发展中，重视教师的专业反省能力和专业经验。作为小学语文教师，需要对自己的职业有一个新的认定，即教师不能只是一个技术人员，用别人设计好的课程达到别人设计好的目标的知识的传授者。教师应该是实践者，又是自身行为的研究者。小学语文教师不仅应当具有小学语文课堂教学知识、技能技巧，而且还应当具有反思的意识，能不断反思自己的教学理念和行为，不断自我调整、自我建构，从而获得持续的专业成长。

新课程要求教师要以一个研究者的身份进入课堂教学实践，成为反思的实践者。

一、教学反思对教师专业成长的价值

美国教育心理学家波斯纳提出教师成长的公式，即"经验 + 反思 = 成长"，认为没有反思的经验是狭隘的经验，至多只能成为肤浅的知识。教学反思伴随教育教学活动的每一时刻、每一方面。教学反思对于教师专业发展的意义和价值主要体现在以下几个方面。

1. 教学反思帮助教师克服职业病。

由于其职业的特殊性，教师在长期的教学工作中，更易产生对所从事工作的职业病。这种心理和习惯的形成，不但会阻碍教师本人的专业发展，而且会影响教学质量的提高和学校的发展。而教师反思能最大限度地激发教师内在的进取心和精神愉悦度，因为教师通过教学实践活动，不断地发现问题并解决问题，一方面实践中的问题得到了有效的解决，顺利完成教学任务；另一方面，教师从内心体会到解决问题和理论升华的精神乐趣。教学与反思实践结合，为克服教师的职业病提供了内在的精神动力，提升了教师的教学生活方式。

2. 教学反思使教学更具有创新性。

教师的教学反思实践，以解决小学语文教学实践中所遇到的问题为出发点，而教学实践中所遇到的问题通常是相当大的困惑而需要立即改进或探索的，不是轻而易举可以解决的，大部分需要具备打破传统思维模式或狭隘的教学经验的科学创新精神和创新能力进行创造性地解决。每解决一个问题，就会有一次科学的反思和一次思维水平的提高，这种问题解决多了，教师的创新意识、创新能力和创新精神就会明显提高。

3. 教学反思可以促使教师更深入理解课程改革理念。

教学反思强调的是教师对教学实践的批判思考，这种思考要求教师以新课程理念审视自己和他人的课堂与教学实践，自觉检讨教学中存在的问题并提出解决的措施，从而使自己的教学行为更为成熟、完善，在此过程中，教师对课程改革理念的理解不断加深，教育、教学水平不断提升。总而言之，教学反思能促使教师超越对原有教学经验的机械复制，有助于教师对课程改革形成新的理解，不断提升专业素养，促进专业能力发展。

二、教学反思的内涵

在古今中外的教育理论中很早就有关于反思的论述。综合专家、学者们对反思的相关阐述，可以认为，反思作为一种思维的形式，是个体头脑对问题进行的反复、严肃、执着的沉思，是解决问题的一种特殊形式，是一种高级的认知活动。正如申继亮提出的："教师的教学反思是教师教学认知活动的重要组成部分，是一个能动、审慎的认知加工过程，也是一个与情感和认知密切相关并相互作用的过程。"

简单说来，教学反思是教师以自己或他人的教学活动过程为思考对象，对教学的行为、决策以及由此产生的结果进行审视和分析的过程。教学反思并不是单纯的教学经验的总结，它是伴随整个教学过程的监视、分析和解决问题的认知活动，是提高教师自我觉察水平，矫正教学中的不良行为，学会教学，促进教学能力发展的途径和方法。教师教学反思能力就是教师为了实现教学目标，对自己或他人的教学理念、教学行为进行积极、主动、持续的反思和分析的能力，是在改进自己的教学行为过程中所表现出来的个性心理特征。

三、教学反思的过程

教学反思是一个认识过程，既是对过去的总结，又是对今后的启示；既可以是对一堂课反思，也可以是对教学中的一个片段、一种方法、一项活动的反思。

教师的教学反思过程一般可分为四个环节：

1. 发现问题。

教学反思的起点是教学中存在的问题，教师通过对实际教学的感受，意识到教学问题的存在。教学中存在的问题很多，有的来自课程改革中出现的两难问题，有的来自教师自己教学实践中的困惑，有的来自教师自身想改变现状的愿望。发现了问题，便产生反思的动机，有了反思的对象和具体内容。

2. 分析问题。

这个阶段，教师要围绕所反思的问题，通过查阅文献、观摩研讨、专题学习等形式，以批判的眼光反观自己或他人的教学，对教学问题做深入的归因分析，并吸取他人解决这个问题的经验与教训。尤其是要以旁观者的眼光来审视自己，分析自己的思想观点到底是什么，它与自己实践的理念及当前教育要求是否一致，自己的行为与期望是否一致，明确问题的根源所在。

3. 理论假设。

通过分析，认识问题的成因，重新审视教学中所依据的理念，积极寻求新的教学理念、教学策略来解决面临的问题，在此基础上提出假设，制定新的实施方案。

4. 实践验证。

就是对反思后采取的方案实施验证，进而结束第一次反思的循环。这个阶段，教师需将反思中提出的新的方案付诸教学实践，并根据实践的结果验证假设的新方案的合理性。在验证中发现新的问题，将成为新一轮反思的内容。

在以上四个环节中，反思最集中地体现在分析问题阶段，但它只有和其他环节结合起来才会更好地发挥作用。在实际的反思活动中，以上四个环节往往前后交错，界限不甚分明。

四、明确教学反思的类型

1. 以反思内容分类。

从反思内容上看，教学反思可以分为教学设计的反思、课堂组织和管理策略的反思、教师职业形象和角色的反思、教学技能的反思等。这几种反思往往是相互联系的。

2. 以反思的基本环节分类。

根据教师常规教学活动的内容和教学程序，反思一般可以分成课前反思、课中反思、课后反思三个基本环节。

（1）课前反思。

一般在教学设计时进行。教师在做教学设计时，要先对过去的经验（包括自己的，也包括他人的）进行反思，让自己的教学设计建立在对以往经验与教训进行理性思考的基础上，从而使教学设计更科学、更有效、更有针对性。

（2）课中反思。

这是在课堂教学过程中直接指向课堂教学行为的反思，主要解决课堂教学中出现的问题。这些问题主要涉及以下几个方面：学生的学习遇到事先意想不到的障碍；师生之间、学生之间产生争议；学生的学习浮于表面，深入不下去；课堂上产生一些突发事件；等等。面对这些问题，教师要悉心反思自己的教学设计是否合理，所采用的教学方法是否恰当，自己的教学行为是否欠妥等，以及时做出调整，确保课堂教学的有效、高效。

（3）课后反思。

课后反思是教师在课后对整个课堂教学实践活动进行思考性回忆，对本节课教学的成功或失败之处进行理性的分析。课后反思的主要着眼点：这堂课的教学效果如何？哪些教学环节没有按照教学设计进行，为什么？在授课过程中有没有出现让你惊喜的、值得回味的亮点？其中蕴含着怎样的教学理念？

五、教学反思应注意的问题

1. 变被动性反思为主动性反思。

教学反思有两种形式，一种是自觉的自我行为反思，这种反思属于基于教师自觉性的一种反思；另一种是学校或上级教研部门要求的反思，属于学校行为，有学校或教研部门督促检查，这种反思属于基于上级要求的反思。这两种反思，一种出于自我，一种出于制度。反思只有成为教师个人的自我意识和自觉自愿的行为，才会产生真正的效果。因此教师必须真正认识到反思对于自身专业能力发展的价值和意义，增强反思意识，多进行一些自我行为的反思；对制度行为的反思，不能仅仅把它视作一件额外的任务而应付，而应该转化为自觉性反思，这样的反思才能产生实效，才能成为教师专业发展和自我成长的重要因素。

2. 要善于从大处着眼、小处着手。

所谓小处着手，即要抓住课堂教学中某些细小的地方，某些往往被人忽视的细节，要多从微观层面和局部视角去分析日常教育教学过程，发现问题，进行反思。大处着眼，主要是指应该从课程理念的高度来思考和分析问题，不要就事论事，始终停留在一些枝节上。这样才能从根本上提升教学水平和效果，从而提高自己的理论水平。

3. 反思后要有行动跟进。

教学反思不是为反思而反思，而是要通过反思发现问题和不足，进而修正行动方案，进入新的行动尝试。只有反思后进行行动跟进，教师才能获得真正的改变和成长。

教学反思的方式很多，例如：撰写教学随笔、教学日记，撰写反思性教案，进行案例分析，开展课堂教学全息性评价以及与同伴互动讨论开展合作反思，听取学生的意见和建议，等等。

六、如何写好课后反思

1. 反思情景设计是否有效。

教师在教完每节课后，应对教学情景设计进行回顾总结，考虑所设计的情景是否与学生实际生活联系紧密，是否与上课内容相符，能否达到实现语言作为交际工具的作用，即情景设计的时效性如何，同时根据这节课的教学体会和从学生中反馈的信息，考虑下节课的情景设计，并及时修正教案。

2. 反思课堂效果是否良好。

一节课下来，我们应认真从每一位学生上课的反应、课堂作业、回答问题的情况反思本节课的实际效果如何，做到心中有数。效果好要有经验积累，效果差要找出原因，并在教案上"课后反思"栏内做好详细的记载以便及时修正。

3. 反思教学策略运用是否得当。

教师上完一节课后，还要静心沉思：引导是否得当，训练是否到位，摸索出了哪些教学规律，有哪些创新等。及时记下这些得失，并进行必要的归类与取舍，写出"再教设计"，这样可以做到扬长避短、精益求精，把自己的教学水平提高到一个新的高度。

4. 反思"成功之举"与"不足之处"。

每一堂课的教学，都会有它的亮点，如：哪个教学活动安排促使学生积极参与，从而产生了课堂教与学的高潮；哪个问题的提出促进学生积极思考，自主学习，得出精彩的回答。而每一节课也必然都会有不足之处，为什么学生没有跟着教师的节奏积极学习？为什么教师反复讲解学生仍是一头雾水？为什么课堂死气沉沉？不论成功之举还是不足之处，我们都要认真记录下来，分析原因，总结经验，结合教育、教学理论加以阐述，使我们的课堂教学更完美。

5.反思评价体系是否面向全体。

我们面对的学生是一个存在着差异的群体，因此，每堂课后我们还要认真地思考一下本节课的评价方式是否多样、评价内容是否激起学生的学习兴趣，唤起他们的自尊心和自信心；评价的主题是否面向全体学生、是否因材施教及今后的改进措施等。

📖 案例呈现

【案例】《画杨桃》教学反思

这节课，学生学习非常投入，思维活跃，课堂探究氛围浓厚，原因在于教师抓住了学生在阅读文本时动感生成的教学资源，使课堂精彩纷呈。其成功在于：

第一，关注生命灵性，把握生成资源

儿童教育是一种充满不确定的事。课堂教学中，常常会出现令人意料不到的事情。这时如果教师只注重自己的预设，忽视了学生的独特体验，那么将使学生生命的灵性淹没在教师的灌输之中。以上这一教学片段，教师十分珍视生成，适时调整自己的预设，准确把握好生成的课堂资源，尊重学生，给予他们发表见解的权利，而自己则以参与者的身份投入到学生对问题的探究中。学生在读中悟，在悟中读，用心理视线去读书、去领悟语言文字，通过多元想象与文本产生共鸣，使他们生命的活力在生成中涌动。如果教师不关心学生独特的感受，严格按照既定的预设方案进行课堂教学，那么学生的灵性将被彻底抹杀，课堂也将毫无生机可言。

第二，构建对话平台，呈现精彩生成

阅读教学是学生、教师、文本之间对话的过程，是学生的个性化行为。教师应珍视学生独特的感受、体验和理解。在教学过程中，学生以个性化的方式走进文本——给师生对话部分添加提示语。教师有意识地引导学生与文本展开对话，用自己独特的视角去发现，结合自己的生活实际去想象，然后补白省略，最后在敞开心扉的对话中，在表达阅读感受中，在主动积极的思维和情感活动中，理解文本、感悟文本，体会到不能随意嘲笑别人，遇事要多从对方的角度来思考问题。这种源自学生童心世界的生成资源是富有生命力的——处处呈现着精彩的感悟，焕发着灵性的光芒。

拓展研讨

1. 请简要分析一下，目前教师在教学反思方面存在的主要问题和遇到的主要困难是什么？该如何克服？

2. 以自己感觉上最"失败"的一次课堂教学为例，撰写一篇反思日记。

3. "反思性教案"是课程改革以来出现的新的教案设计形式，是开展反思教学的重要内容。请从通过各种方式，尽可能多地查阅相关资料，明确反思性教案的特点和主要结构，并尝试设计一份反思性教案。

4. 智慧型教师该如何充分发挥教学反思在工作中作用。

话题二　教学研究智慧

　　教师要担当起构建有效课堂的重任，离不开教学研究，在课堂教学实践中，教师既应该是有效教学的实践者，更应是有效教学的研究者。新时代的智慧型教师，不再是教书匠，而应该是一位教学实践的研究者，这已经形成了一种共识。可以说，教学研究能力是教师最基本的一项专业能力，能否具备教学研究能力，教学研究能力的高低，直接影响到每一位教师的专业能力能否有效地得到发展，也直接影响到课堂教学是否有效、高效。

▓▓▓理论导航

　　新课程强调：教师即研究者。教师既要做实践者，也要做研究者，是集研究者与实践者角色于一身的人。开展有效的教学研究，是教师专业化发展的诉求，也是有效教学的诉求。作为一名课改背景下的合格的教师，要由"教书匠"转变为研究者，在教学过程中要以研究者的心态置身于教学情境之中，以研究者的眼光审视和分析教学理论和教学实践中的各种问题，用研究者的眼光反思自己，探究和解决自己教学中存在的问题，总结积累的教学经验。只有这样，才能担当起推进课程改革向纵深发展的重任。从许多优秀教师的成长史，我们可以发现，教学研究是教师专业发展的必由之路。因为，教学研究为教师教育思想、教学主张的形成、教学艺术的凝练提供了重要的支持，更为教师的综合发展注入了无穷的活力。

从 20 世纪 80 年代，"教师成为研究者"的观念广泛流传并得到一致认同。这种观念来自于"专业人员即研究者"的启示——教师既然不仅仅是一项职业，更是一项专业，作为专业人员的教师，自然理所当然地应该成为研究者，而是否具有较强的教学研究能力，成为区分一个教师是专业教师还是非专业教师的根本标志。"教师成为研究者"的基本假设是教师有能力对自己的教育、教学行为加以反思、研究和改进，并提出最贴切的改进建议。随着课程改革不断推进，教师教育和教师专业化得到高度重视和加强，教师的教学研究能力越来越成为教师专业发展的重中之重。

但在实际教学中，一些教师常常将教学和教学研究对立起来，认为教学研究是专家的事，教师只需完成自己的教学任务即可，从而影响了自身专业能力的提高。新课改实施以来，许多教师开始积极参与教学研究。但由于对教师教学研究的理解存在一定的偏差，盲目效法专业研究者，研究的方式方法不当，影响了教学研究的有效性。其主要原因是许多老师不明白教师所做的教学研究与专业的教学理论研究者或者大学教师的研究有什么区别。

　　教师成为的研究者，不是专业的教育理论研究者，而是"实践型研究者"（或称"研究型实践者"），实践型研究者，换个说法，也就是"行动研究者"——即教师所从事的研究是着眼于实践的教学研究。从这个角度说，教师作为教学研究者，其角色是与其实践者角色高度统一的，所做的研究与专业研究者主要区别也就在这里。

　　行动研究，以教师为研究者（什么人去研究），以教师的职场为研究场所（在哪里研究），以教师所遇到的实际问题为研究对象（研究什么），强调研究活动和教育教学实践活动的统一。在研究目的上，行动研究的研究目的指向教育教学行动，是以解决教育教学工作中的实际问题为目的的一种研究，因此教师的研究更多地在于能够解决实际问题，改进实践状态，提升自己的教学水平。在教学中教师对自己的教育实践采取探究的态度，通过探究，澄清、解决实践中遇到的困惑和问题，获得领悟，并将获得的理性领悟应用于新的实践。在这过程中，不但能不断获得并产生新的理论知识，还能加以验证并进行重建。在研究的内容上，教师的研究更多地属于主观性研究，他既要研究自己面临的教学问题，而且还要把自己作为研究对象，反省自身，探索自己的专业发展之路。在研究的方式上，教师的教学研究形式更加多样，方式更加灵活。教师的研究更多的是开展校本研究，是现场研究，强调便于操作，强调与教学实际相吻合、相协调。研究的方式包括日常的听课、评课、说课、集体备课、撰写教学反思、教学随笔、教学叙事等，也包括开展课例研究、课题研究等。在研究成果的表达形式上，教师的研究更注重通过教学日志、教学叙事、教学反思、教学案例、教学课例等文体表达自己的研究成果。

总之，行动研究与一般所说的着眼于理论层面的研究的最大区别在于，它是基于教师在教育、教学中遇到的实际问题的研究，是着眼于教育、教学实践的研究。行动研究的特点可以概括：在行动中研究、对行动的研究、为改进行动而研究，其要义在于实践经验加反思，精髓是反思。

在行动研究中，教师既是研究者又是学习者，作为研究者的教师，必须具备自我超越的愿望、终生学习的理念、较强的反思意识和开展教学研究的能力。只有具备自我超越的愿望，才能不故步自封，不断探索，不断成长。只有坚持终生学习，才能不断充实自己，使自己变为永不干涸、常用常新之水。教师要提高开展教学研究的能力，很重要的一点是应有问题意识，能够将工作中碰到的困惑、矛盾提炼成可以开展研究并着力去解决的问题。然后选择适合自己特点的研究方式，将研究设想变为研究方案，并付诸实施。在研究过程中，不断调整、深化、细化研究方案，最终取得研究的成果，促进自身的专业成长。

教师所做的教学研究的形式很多，所需要提升的教学研究能力也很多，根据目前大部分教师所开展的教学研究实际和需求，我们主要就叙事研究能力提升、微型课题研究能力提升、听课评课能力提升以及写作能力提升展开一些讨论。

📖 案例呈现

【案例一】 叙事研究能力的提升

《韦伯第三国际辞典》说：所谓"叙事"就是"讲故事或类似故事之类的事件或行为，用来描述前后连续发生的系列性事件。"说得通俗一点，所谓"叙事"，就是叙述生活中已经发生或正在发生的事情，它是人们将各种经验组织成具有现实意义的事件的基本方式。所谓教育、教学叙事研究，就是运用或分析教育、教学叙事材料的研究，叙事材料，可以是发生在自己教学实践活动中的故事，也可以是以各种方式收集到的他人的教学故事和相关材料。叙事研究的基本特点是研究者以叙事的方式表达对教育的理解和解释。它不直接定义教育是什么，也不直接规定教育应该怎么做，它只是讲述一个个发生在教育日常生活中的真实故事，让读者从中体悟到是什么或者应该怎么做。

从记述主体看，叙事研究主要有两种形式：一种是教师所做的叙事研究，也就是教师自身作为叙述者或记述者，叙述的故事主要是自己经历的事件，它追求的是以叙事的方式反思并改进教师的日常生活。另一种是教育研究者所做的研究，教育研究者以教师为观察和访谈的对象，记录或请教师叙述相关的教育事件，并展开相关的研究。一线教师所开展的叙事研究，主要是前者。

要在有效教学的实践中有效开展叙事研究，并以此促进自己的专业素养得到长足的发展，我们主要解决的是"叙什么事""怎么叙事"以及在叙事中怎么研究的问题。

1. 叙事研究该叙什么事？

叙事研究所叙事的故事，主要应具备以下几个特点：真实性，典型性，理论性。

2. 叙事研究该怎么叙事？

叙述教学故事，除了注意所叙述的故事，要体现上述教学叙事的主要特征外，还要努力提高自己的叙事水平，把故事写好。根据许多老师的经验，要叙述好故事，必须注意两点：故事情节要具体生动；故事的记述要精巧，要有浓郁的意趣。

3.如何在"叙事"中进行研究？

首先，要以研究者的眼光收集和积累故事素材。每个人都有许多不同的生活故事，这些看似平淡的故事，却往往蕴藏着丰富而深刻的教育理念，只是有许多被我们忽视了、遗忘了。工作在第一线的老师，平时一定要不断学习和了解国内外教育理念的前沿进展，特别是新课改的基本理念和主要精神，从而拥有丰富、深刻的理论洞察能力，能够从自身及周围的教育、教学实践经验中"解读"出内在的理论意义，敏锐地发现那些具有教育意义的故事素材。那些事发当时一瞬间觉得有些意思的故事、事件，可以采用日志、手记、随笔、教后记等方式，把当时的"现场情景"记载下来，供日后认真的反思，对这些素材进行提取和分析。只有及时地收集、积累，才能产生蕴涵教育意义的故事文本。

其次，用研究者的眼光提取、分析故事素材。教育叙事研究的最好方式莫过于研究我们自己。对自己记录积累的故事素材进行理性的审视、分析，就是在很好的研究我们自己。在这里，我们特别强调"反思"。叙事研究的基本追求是，教师"叙述"并"改进"自己的日常教育生活，换言之，叙事研究的基本理想是，以叙事的方式反思并改变教师的日常生活。"反思"正是叙事研究的基本特征，教师在叙事中反思，在反思中深化对问题或事件的认识，在反思中探寻问题或事件背后所隐含的意义、理念和思想，这个过程，就是研究的过程。离开了反思，叙事研究就毫无意义。

再次，以研究者的身份讲述故事。教育叙事研究，就是要通过教育主体的故事叙述，来描绘教师平时的教育行为，对此进行意义分析，并使教育活动获得解释性理解。因此，教师在讲述（撰写）教育故事中，要明白自己的身份，不是一般的故事讲述者，而是故事研究者。在叙述自己的故事时，叙事者要和自己的经历拉开一定距离，要不断叩问自身的教育、教学行为对学生意味着什么，从而探寻教师的行为意义；要注意揭示行为背后所内隐的思想、故事当中所蕴含的理念，使隐性的理念显性化。在教育故事中，虽然看不到大段大段的理论阐述，但其理性分析应当渗透在故事情节的叙述之中。

【案例二】　微型课题研究能力提升

微型课题研究是一种研究范围小、研究周期短、研究过程简便的教育科研方式。就其性质而言，是群众性的、大众化的教育科学研究。其主要任务不是建立新的思想和理论，也不是发现或发展教育科学知识，而在于解决教师工作过程中的具体问题，以有效地改进教学工作，促使教师养成科学的思维习惯，提高自身的研究能力与水平。要提升自己为课题研究能力，可以从以下方面入手。

1.掌握微型课题研究的特点。

微型课题研究的特点可以用"小、活、实、短、快"五个字概括。

小，即研究的问题小。微型课题研究主要聚焦教学实践中的矛盾和疑难，研究的内容主要是教师在教学过程中各个环节的、有价值的细小问题。问题可以具体到一堂课的教学案例设计、授课导入方式、课堂提问、作业设计等。"小"还表现在研究的规模上，微型课题研究涉及的范围小、人员少、时间短，因而规模小、投资少。

活，即灵活。首先，微型课题研究的选题论证、方案设计、立项开题、实施研究等相对简便，没有省、市规划课题研究那么复杂、那么讲究规范。其次，在研究的组织形式上，教师可以单独研究，也可以合作研究。第三，微型课题可以重复研究，不同学校的教师或课题组可以同时或先后研究同一个问题。总之微型课题研究没有固定的研究模式，没有强制的操作流程，人人都可以研究，时时都可以开展，处处都可以进行。

实，即实在。首先是选题"务实"。微型课题研究立足于当前教学工作，选题贴近学校、贴近教师、贴近教学实际。其次，研究过程"踏实"。源自于实践中的问题还在实践中解决，微型课题研究在教中研、研中教，不是游离于教学实践之外的纯理论研究。再次，研究成果"真实"。微型课题研究成果的呈现方式也不同于省、市规划课题，更注重在工作中做得怎么样，更强调在"做得好"的基础上"写得好"。从成果呈现形式上说，它不需要编写专著，也不一定要撰写长篇的结题报告和专业论文，它可以是教学设计稿，听、评课稿，教学案例，教学故事，课堂教学实录；还可以是研究小报告，访谈记录、调查报告，以及学生作品；还可以是音像作品，图表、教具等实物。这些成果是教师用自己的语言叙述自己的实践，从自己的实践中提炼自己的经验，并以此解决实实在在的问题。

短，即研究周期短。微型课题研究的时间视研究内容而定，可长可短，时间短的两至三周就可以解决问题，长的三至五个月，最长的一般不超过一年。

快，即见效快。由于研究的周期短且基于在实际工作中解决具体问题，因而很快就能出成果。一个问题解决了，就可以转入到下一个问题的研究；一个问题解决了，就可以得到一点收获。

总之，微型课题研究与大型课题研究相比，从选题、到研究的目标、研究的方法和步骤，再到研究成果的呈现等都有明显的区别。

2. 了解微课题研究的具体步骤。

进行微课题研究一般有以下四个步骤：

第一，发现问题——选题。

教师要有问题意识，这是进行研究的前提。教师在教学中遇到的问题是很多的，如一个题目的讲解，一个教学环节的设计，一个教学细节的成败，都可以触发选题的"灵感"。根据许多老师的经验，选题主要有以下几个基本途径。

其一，从教学的问题及困惑中选择课题。

微课题研究的目的是解决教学中存在的各种具体问题，教师天天置身于教学现场，这是教学问题的原发地。因此，教师可以从自己感到不很满意或需要改进的地方去选题，长期积累，挖掘出值得研究的问题来建立自己的"问题库"。面对诸多的实际问题，教师究竟该选哪一个问题作为微课题进行研究呢？我们建议，根据微型课题研究的基本特点，可以从"值得研究""可以研究""能够研究"这三个方面去思考。

值得研究，即该问题有研究价值。微型课题研究虽然选题小，但选题小，并不意味着研究的价值小。老师们选题时还是要从大处着眼，选择有价值的问题去研究。要更多地关注那些蕴含着值得探讨价值的实践问题，要从课程改革的高度认识和分析问题，而不是单纯地发现并分析问题与误区，要体现对课程改革以来已有经验的关注和提炼，以及对新课程实施过程中不同参与者共同的困惑的凸现与支持。可以研究，主要是指该课题有一定的研究空间。由于微型课题研究具有"立足于当前教学工作，选题贴近学校、贴近教师、贴近教学实际"的特点，所以所研究思考的问题他人往往已经研究并有成果问世，所以老师们在选题时，一定要好好思考，该课题在别人研究的基础上，是不是还有新的研究空间。能够研究，一是指选题者是不是有能力、有水平开展此项研究，二是指该选题研究是不是有较强的可操作性。下面这则案例，对老师们如何立足于值得研究、可以研究、能够研究来确定选题，会有一定的启发。

其二，在学习反思中发现课题。

这里所指的学习，主要指学习理论与学习他人的经验，吸取他人的研究成果。在理论学习过程中，要时时注意结合自己的工作实际进行有针对性的思考，对自己工作中的相关问题或经验进行反思和分析，使有价值的问题或经验在联系实际的理论学习中逐渐清晰起来，从而发现值得进一步深入研究和实践的课题。学习他人的教学经验，吸取他人的研究成果也是如此，在把他人的研究成果、教学经验应用于自己的教学实践的过程中，一是要善于找到自己的不足和差距，明确前进的方向，由此产生课题研究的动机并发现值得自己探究的课题；二是要善于发现问题，从中发现值得研究的课题。

其三，从总结经验中发现课题。

老师们在平时的教学工作中都或多或少积累了一些教学经验，对平时积累起来的教学经验要及时进行分析及总结，进行系统化的梳理和理性分析，在总结与分析过程中，常常会发现值得研究的微型课题，由于是从自己的经验中生发出来的，这样的课题往往具有较强的可操作性，也往往有较大的研究空间。

第二，寻找解决问题的方法。

发现问题之后，就要寻找解决问题的方法。寻找方法的过程就是研究的过程。上文我们谈及，微型课题研究的主要任务不是建立新的思想和理论，也不是发现或发展教育科学知识，进行微课题研究就是要让教师在充分借鉴别人经验的基础上获得解决实际问题的方法，寻找方法的过程，也是一个学习的过程。借鉴别人经验的方法很多，可以阅读相关的专业书籍、专业杂志，可以上网查找相关资料，也可以直接向周围的教师请教、学习，然后通过分析与综合，确定一种解决问题的方法。寻找解决问题方法的另一个重要途径，就是学习相关的理论，获取解决问题的理论支撑，因此，做微型课题研究，文献法也是一个重要的研究方法，在做研究前，最好也能像正规的课题那样做好"文献综述"。

第三，用找到的解决问题的方法去解决教育教学问题。

这是把理论运用到实践的过程，也是检验解决问题的方法是否科学、有效的过程。如果发现所找到的方法对于解决问题效果并不好，则要认真地反思原因，对原有的方法进行修改、调整甚至完全否定，以寻找新的更有效的方法或途径。

第四，总结解决问题的过程、体会，表达研究成果。

微型课题研究成果表达的方式很多，也很灵活，既可以写比较正规的学术性论文，也可以采用随笔、案例分析、课例分析、课堂实录等方式，也可以采用公开课展示的方式，还可以采用在论坛等场合交流等形式。采用何种表达方式展示自己的研究成果，一要根据该微型课题研究的目标以及自己所获得的成果性质，例如有的课题就可以采用案例分析、课例分析的形式表达研究成果。二要根据自己的体会，以及自己的个性特点采用自己最擅长、最合适的方式。例如，有些教师喜欢写短小精致的随笔，研究过程中所获得的体会，也谈不上什么学术性，就不要勉强写长篇大论的论文，可以多写些随笔、札记类文章。

【案例三】 听课评课能力提升

听课评课是教师进行日常教学研究的重要途径和方式，也是教师专业能力发展的重要途径。能否围绕有效教学的总目标开展有效的听课评课活动，与教师的听课评课能力的高低有很大的关系。

一、如何提升听课能力

[例1]在聆听中品味好课的魅力——《纸船》听课记录（片段）

执教者：余映潮

执教篇目：《纸船》（冰心）

听课记录：

课前交流（余老师微笑着走进学生中，以平和的姿态低头和学生进行个别交流，许多学生以陌生的目光打量着余老师，在交流过程中，学生的陌生感渐渐消失。）

一、导入课文，明确本课学习任务

1.深情地朗读

2.细腻地感受

3.诗意地仿写

（评：授课前提出学习任务，让课堂有的放矢，让学生目标明确）

二、第一环节：深情地朗读

要点一：进入诗境，读出感情

1. 教师示范第一节

2. 学生齐读第二节

3. 因韵味不足，教师再做示范，学生再读课文，效果较前有明显提高。

（评：不追求形式，步步扎实，注重效果）

…………

听课感悟：听了余映潮老师的《纸船》一课，我对什么是好的语文课有了更深入的认识，其实，好的语文课并不在于设计的花样翻新，并不在于教学手段的轮流上阵，也不在于教学场景的热热闹闹，关键是要让学生有所得。余老师的课就像他的人一样，平平实实，但听了一定会觉得丰盈、轻松，给人一种如沐春风之感。语言教学是中学语文课堂教学的重头戏，余老师紧紧抓住语言教学这一关键，以学生的语言实践为核心，通过教师巧妙地点拨，教给学生阅读的方法，让学生在反复阅读中走进文本深处，体味语言文字的情感、理趣和韵味。

［例2］某老师的听课记录（片段）

一、师生问好，导入新课

1. 学生听歌曲《二泉吟》，教师让同学用简洁的语言说出自己对歌曲的感受。

2. 教师问曲作者是谁，引出本课课题和作者。

3. 教师板书。

二、教学和欣赏《二泉映月》

1. 初听全曲。

2. 教师让学生说出《二泉映月》的演奏乐器及形式是什么？

3. 师生对话交流感受。

…………

比较以上两份听课记录，可以很明显地发现，例1是比较理想的听课记录，它既记录了整个课堂教学的基本内容，基本环节，又留下听课者的听课所得。听课过程中，有简要的点评；听课结束后，有自己的感悟。而例2这种听课记录，只是采用流水账的形式，把教师的教学过程大致记录下来，缺乏对课堂教学情境的观察，缺乏对教师课堂教学行为和学生学习状态的关注，缺乏对课堂教学细节和教学问题的记录，缺乏对学生独特体验和精彩表现的描述，也缺乏对课堂问题的评价和反思。因此，这种听课不能很好地达到学习和借鉴他人经验的目的，更不能达成探究问题的目的。

听课是一种学习，也是一种研究，这种学习和研究既不是蜻蜓点水，也不是照搬照抄，应该结合自己的想法有所取舍，在听课时要根据课堂实际，根据自己的需要，有针对性地观察、思考，做有选择性的记录。在课堂教学结束时，更要将自己的总体感受和一些问题的思考记录在评议栏中，这样的记录才会对自己今后开展类似教学时产生指导意义。老师们要提高听课能力，最主要解决以下几个问题。

1. 听什么对象的课。

对一线教师而言，听课当然首选同学科教师的课，但应注意的是，听课的目的是借鉴同行们的经验，发现教学中的问题，开展教学研究，所以，听同学科的课，不要局限在公开课、研究课，而是要多听听常规课，因为这样的课，才能真实反映执教者的教学水平和教学思考，这样的课也才能真实地暴露课堂教学的问题。这里还要强调的是，听课前自己要先备课，要思考：如果我来执教这节课，该怎样设计；或者思考：以前我在上这节课时，遇到哪些问题或困惑，这样听课过程中就能随时与自己的实践、思考做比较，才能听有所思、听有所获。

此外，教师也可以听相近学科教师的课。比如数学老师可以听听物理课，语文老师可以听听历史课，生物老师可以听听化学课等。科学本来就是一个完整的体系，为了教学的方便，才把这个体系分解成若干学科。目前学校设置的课程，要求学生各科都要打下一定基础，最终目的还是要达到各科综合，融会贯通。因此，各学科知识之间必然存在着联系，通过听相近学科的课，既拓宽了教师的视野，使自己的知识结构尽量横纵结合，丰富而完整，满足教学的需要，也可以"用另一只眼睛"看待本学科的教学，从其他学科的课堂教学中汲取值得自己借鉴的经验，从其他学科的课堂教学问题中发现本学科教学的问题。

2. 听课听什么。

一般认为，听课首先应该听课堂设计与课堂整体结构，观察执教者是如何整体设计课堂教学结构，领悟这样设计的意图。其次要听教师怎样组织教学活动，包括怎样提问、怎样讲授、怎样引导、怎样调控等。例如，同样的问题，不同的教师会从不同的角度，用不同的语言和方法进行阐述，听课者就要善于聆听授课教师对知识的独特讲解并思考其对学生学习带来怎样的效果。再次听执教者怎样开展课堂教学评价，如何以多元化、多样化的评价方式和手段，促进学生有效学习。这样的认识当然是不错的，因为教学设计、教学实施、教学评价是有效教学的基本策略，围绕有效教学的研究开展听课活动，当然要着眼于这三个方面。

我们觉得，每次听课，上述三个方面不可能面面俱到，老师们听每一堂课都应该带着明确的听课目的，有重点地观察和思考某一方面。如果是在教学研究活动中的听课，每一时期的教学研究应该有不同的研究主题，听课时，就要围绕该主题重点观察和思考。例如，这个时期教研活动的主题是如何确定教学内容，听课时就要重点考察这节课的教学内容的设计是否合理、是否到位、是否有效。平时的常规性听课，一般可以带着自己的某一方面的问题与困惑，重点观察执教者是怎样解决这一问题的，并从中得到借鉴和感悟；或者带着自己的微型课题去听课，看看该老师的课堂教学能给自己的研究带来什么启发。

传统教学的听课，一般主要听教师如何教，课改背景下的听课重点，转为观察学生怎样学，并由此发现课堂教学的问题。课堂教学的目的是使学生学会并掌握知识。一节课的"亮点"，往往不是反映在教师怎样"教"，而是体现在学生怎么"学"；一节课的主要问题，也往往从学生的学习上反映出来。学生的学习效果，可以反映教师的教学理念、教学水平。因此，我们听课的视角，要主要放在学生的学习上，看学生在教师的引导下怎样读书、怎样思考、怎样答问、怎样质疑、怎样讨论互动等。

3. 如何记录听课笔记。

听课笔记一般有实录型、选择型两种类型。实录型，就是如实地把课堂教学的整个过程完整地记录下来，包括教师的语言、动作、神态、板书以及学生的情绪、反映、答问和整个课堂的氛围等，有什么记什么。这种形式的听课记录，有助于对课堂教学做全息分析，对从教之初的老师来说，有助于学习仿效。选择型，就是把课堂教学某一个侧面或某些问题作为记录的重点。重点选择的依据是本次教学研究活动的主题、当前教学研究的热点、听课人的需要以及执教者的教学优势与特点等。不管是选择哪个方面作为记录的重点，都要注意以下两个问题：一是既要记录课堂教学的亮点，也要记录课堂教学的缺点；二是要随时记录个人听课中的体会与思考。个人体会和思考的记录，一般可以采用夹注或听后记的方式，例如例1，就既用了夹注，又有听后感悟。

二、如何提升评课能力

1.要做好充分准备。

这是有效评课议课的前提，也是评好一堂课的基本保证。评课前的准备主要包括"认真听课"和"听后整理"两个方面。如何认真听课，我们在前文已经做了简单的阐述。作为听课的常规工作，听后整理，一般是指听课后对听课笔记作必要的文本整理，作为评课前的准备，则要根据本次教研活动的主题，梳理该堂课的主要成功之处与值得商榷和改进的地方，无论是成功之处还是值得商榷之处，都要以课程改革的理念加以透视分析。这就需要再次认真地学习相关理念，再次认真地分析教材，把握教材的编写意图，这样才能确保评课的质量。

2.要注重教学分析。

无论是评析执教者课堂教学哪个方面，评课时都切忌就事论事，而是要从理论上来做分析透视。分析透视时，特别要注意：一是不要面面俱到，从教学内容的确定到教学目标的设置，再到教学活动的组织，等等，这种缺乏重点的评课，是没有多少效果的；二是不要在一些枝节上纠缠不清，如这句话应该怎样讲，这个问题应该怎么提，而是要着眼于本节课的教学，能不能体现课程改革的主要理念，能不能有效促进学生发展。当然，主张不要纠缠于一些枝节，并不意味着评课分析可以离开课堂教学的实际情境，我们在"反思"话题中特别强调，教学反思要从大处着眼，小处入手，评课也是如此，也要注意从大处着眼、小处着手。

3. 要关注教学亮点。

即使是刚执教的新教师的课堂，即使是教学效果不好的失败课堂，也会闪烁出让人会意、令人兴奋的亮点，无论是从教学研究的角度说，还是从个人学习借鉴的角度说，都应该把教学亮点作为评课的一个关注点。课堂教学亮点，主要表现为教师"教"和学生的学两个方面。

教师"教"的亮点主要表现在教学设计与组织实施两个方面，评议者要善于从教师提供的静态设计与组织教学的动态过程中去分析教师对教材内容的处理，对教学材料的选择，对课堂序列结构的安排，对习题应用的设计以及在组织"激发、探询、回应与反馈"的人际互动中，所体现的特色和展示的风采。一般来说，教学的亮点都映射在一个片段、一幅画面、一则板书、一个问题、一个活动、一个细节之中，需要观课者仔细去发现并从理论高度去透视分析。

4. 要找准教学问题。

真实的课堂不可能没有一点问题的，评课议课的重要目的之一是诊断、分析与探讨。评议中，分析课堂教学中的优点、亮点固然需要，但发现和探讨教学中存在的不足或问题同样重要，这更能增加评课的研究价值。评课时，即使优点可以少说，但问题不可避之不议。教师要有敏锐的问题眼光和理智的批判精神，要善于从课堂的整体设计和具体的环节的组织、教学方法的使用等方面进行深度透析，所提出的问题要切中肯綮，不但要识别出问题或不足之处，更要对所存在的问题做归因分析，并提出解决问题、改进不足的具体建议。

【案例四】 写作能力提升

教师写作，从广义上说，既包括教师常用文体的写作（例如教案、教学总结，各种汇报等）也包括教学研究文体（例如研究方案、研究报告等）。从狭义的角度说，主要指教学研究类文体的写作。从教学研究的角度说，教师需要具备的教学研究类文体的写作能力，涉及的面也很广。这里我们主要就教师如何写好教学随笔、案例分析以及教研论文提出一些建议。

一、写好教学随笔

著名特级教师余映潮先生认为："做优秀的语文教师，必须坚持学习，善于思想。随时把自己学习与思想所得变成文字，是一种有效的充满智慧的学习方法与良好习惯，它能够表现一位教师的韧性，表现一位教师的坚持力——在学习中积累，在积累中治学。"余先生把这种"文字"称作"随记"，也就是我们所说的随笔。余先生认为：写"随记"是在做学问，写"随记"能够做学问。一语道破了随笔写作的价值和意义。苏联教育家苏霍姆林斯基说过："我建议每一位教师都来写教育日记。教育日记并不是什么对它提出某些格式要求的官样文章，而是一种个人的随笔记录……那种连续记了10年、20年甚至30年的教师日记，是一笔巨大的财富。"显然，他所说的"教育日记"，主要是指我们这里所说的教育教学随笔。

随笔也称札记，按《辞海》的解释，就是不拘体例的随笔记录。教学随笔，就是根据教学中的某一件具体的事情而引发议论。说得具体点，就是主要记录教师在教学实践活动过程中所观察到的、所感受到的、所解释的和所反思的内容。随笔的要义，在于一个"随"字，它可写的内容，是十分广泛的，老师们一天的所见、所闻、所读、所思，无不可入文。内容上的"随意性"，可以说是教学随笔的一个最显著的特点。随笔的第二个显著特点，是它在写法上的"简单性"。随笔的篇幅短小，结构简单，一般采用一事一议的方式。这样的随笔，写起来像写日记那样简单方便，只要身边有纸和笔，有电脑，有记录的时间，随时随地都可以缀字成文。随笔的第三个显著特点是"提升性"。随笔所写的事，看上去都是小事，但必须反映出"大道理"。写随笔不能就事论事，要以"研究者"的眼光看待和分析这些"小事"，要从理性上加以反思或提升。只有这样，教学随笔的写作才会成为促进自己专业成长的有效途径。

二、写好教学案例分析

我们在上一个话题里已经谈及案例分析对于教师进行教学反思的作用，并简单介绍了案例分析的基本要素等内容。这里，我们着重就老师们如何写好案例分析提一些建议。

1.要了解案例的基本特点。

郑金洲先生曾经这样说过：所有的案例都是事件，但并不是所有的事件都可以成为案例；所有的案例都是故事，但并不是所有的故事都可以成为案例；所有的案例都是对某一事例的描绘，但并不是所有事例的描绘都可以成为案例。郑金洲先生还用一句话概括了什么是案例：案例是含有问题或疑难情境在内的真实发生的典型性事件。这句话揭示了案例至少具有以下四个特点。

（1）真实性。

案例必须是来自教育教学实践的真实的故事，不允许虚构。（讲真实性，并不影响其文学性，必须对一些细节作一定的描述；同样要注意详略及对材料的取舍。）

（2）情境性。

根据案例的基本要素，情境性主要体现在两个方面：对相关情境的描述；问题情境的揭示。尤其是后者。郑金洲先生认为，这是案例的价值所在。

（3）典型性。

案例所描述的事件是作者严加选择的，有一定的典型意义，能以小见大。有较强的研究价值，可以从正反两个方面总结经验或教训，提升教育理念。

（4）启发性。

使人思有所得，学有所获，这是案例的灵魂所在。

2.掌握案例分析的基本结构。

一个典型的、完整的案例，包含以下几个方面。

（1）标题。

与其他文体标题一样，案例的标题有单一式和复合式两种。单一式：只有一个标题，用一个短句或词语来表示；复合式：正标题外还有一个副标题作补充或说明。

（2）引言。

用简要的语言对案例内容、背景、主题等作概述和提要。

（3）情境描述。

这是案例的主体部分，是案例写作成败的关键。要注意以下几点：要真实；要有相对完整的情节；要写好重要的细节；要包含问题情境。

（4）分析反思。

对感性事件的理性反思，对案例内容所蕴含的教育理念的揭示。写作时要注意：不要面面俱到，要集中；要科学、深刻，不要就事论事；要从案例所写的事实出发，以事论理。

3. 了解案例分析的常见类型。

从案例的篇幅来说，案例分析有小型案例（内容单一，一事一议，约2000字左右）、中型案例（问题涉及面较广，情节相对较复杂，约2000字—5000字左右）、大型案例（综合性的重大问题，涉及面广，容量大，5000字以上，甚或超过万字）三种，老师们平时所写的案例，一般以小型案例居多。

从案例的内容来说，案例分析有单一型（一事一议，内容单一）、复合型（通过几个事例，或并列，或对比，或类比，说明一个问题）、专题型（反映某一专题，讨论比较全面、深入，研究的面较大）、综合型（研究的事件、问题涉及面广，关系到学校、家庭、社会等各个方面）这四种。单一型、复合型案例分析，写起来比较简便，更受一线教师欢迎。

三、写好教学研究论文

撰写教学论文是教育研究最基本也是最重要的一项能力。因为，撰写教学论文，可以使教学研究成果得到充分的物化，既可供进一步推敲论证，又可供推广借鉴。教学研究论文的发表，有助于教师个人社会声誉的提高，体现教师丰厚的教学研究成果，这是研究型教师的重要标志。

规范的教学研究论文，一般有标题、摘要和关键词、前言（导论）、正文、结论以及参考文献等部分组成，各部分的撰写要求，许多著述都已经做了比较充分的阐述，我们不再赘述。根据目前许多老师撰写教研论文存在的问题，我们想强调以下几点。

1. 确定好主题。

教学研究论文的主题，是作者对所研究问题的见解，是贯穿全文的线索，是论文的灵魂。主题一旦确立，便起着统帅全文各个部分的作用。确定主题，要注意从教学实际出发，经过对所研究问题的深入分析，抓住问题的实质，追根溯源，提炼出自己的基本观点。所确定的主题，要有新意，要体现自己对问题的独特的见解，切不能人云亦云。论文的主题，主要集中在文章的中心论点上，撰写论文，一定要使论点明确、集中。论文的主题，也往往体现在论文的标题与摘要上，所以拟好标题、写好摘要也很重要。

2. 选择好材料。

这里所说的材料，主要指表达论文主题、论证论文观点而使用的一系列依据，即人们常说的论据，包括理论论据和事实论据。理论论据包括专家的观点、言论，各种政策文件、科学的定律等；事实论据包括典型实例、统计数据等。撰写教学论文，材料一定要充分，所选取的材料要真实、典型，观点与材料一定要一致。

3. 安排好论文的结构。

撰写教研论文，一般来说应按照前言、正文、结论等基本结构来写。

撰写论文要注意论文结构完整、逻辑严密、思路清晰。尤其是正论部分，无论采用怎样的结构方式（是总分总，还是先总后分，或者是先分后总），都要注意思路的清晰，逻辑的严密。撰写教研论文，决不能像写散文、随笔那样在结构上比较随意。论文的创新绝不是反映在形式上，而是体现在思想观点上。

4. 运用好语言。

教学研究论文的语言，要注意做到通俗易懂、简洁明了、用词准确、表意明确。这是撰写教学研究论文语言运用方面最基本、最起码的要求。教学研究论文的语言，虽然也要注意具有一定的生动性，但毕竟不是散文这样的文学作品，所以不宜采用过多的修辞手法，更要避免使用带有明显感情色彩的语句。这里我们还要特别强调文字表达的规范。包括书面呈现的格式、材料观点的引用与注释、词语表达的方式、逻辑层次的划分与标号等。很多中小学教师撰写论文，往往不注意这些方面。这些问题虽是细节，但却影响论文的质量。

拓展研讨

1. 请反思自己的教学实践，拟定一个选题，制定一份微型课题研究计划。

2. 以自己感觉"最智慧"的一次教学为例，撰写一篇小论文，题目自拟。